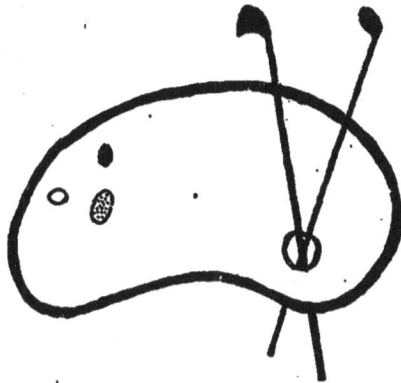

DEBUT D'UNE SERIE DE DOCUMENTS
EN COULEUR

BIBLIOTHÈQUE D'HISTOIRE RELIGIEUSE

UN CULTE DYNASTIQUE

AVEC

ÉVOCATION DES MORTS

CHEZ LES

SAKALAVES DE MADAGASCAR

LE " TROMBA "

PAR

Henry RUSILLON

DE LA SOCIÉTÉ DES MISSIONS ÉVANGÉLIQUES DE PARIS

INTRODUCTION

PAR

Raoul ALLIER

PROFESSEUR HONORAIRE DE L'UNIVERSITÉ DE PARIS

PARIS

LIBRAIRIE ALPHONSE PICARD ET FILS

82, rue Bonaparte, 82

1912

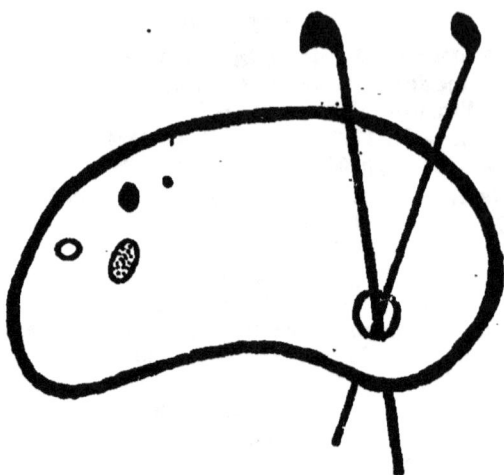

FIN D'UNE SERIE DE DOCUMENTS
EN COULEUR

UN CULTE DYNASTIQUE

AVEC

ÉVOCATION DES MORTS

CHEZ LES

SAKALAVES DE MADAGASCAR

UN CULTE DYNASTIQUE

AVEC

ÉVOCATION DES MORTS

CHEZ LES

SAKALAVES DE MADAGASCAR

LE " TROMBA "

PAR

HENRY RUSILLON

DE LA SOCIÉTÉ DES MISSIONS ÉVANGÉLIQUES DE PARIS

INTRODUCTION

PAR

RAOUL ALLIER

PROFESSEUR HONORAIRE DE L'UNIVERSITÉ DE PARIS

—◆◇◆—

PARIS

LIBRAIRIE ALPHONSE PICARD ET FILS

82, rue Bonaparte, 82

1912

INTRODUCTION

M. Rusillon est parti de France en 1897 pour devenir, à Madagascar, un des agents les plus dévoués et les plus actifs de la Société des Missions évangéliques de Paris. Il a été à la tête du district de Mahéréza jusqu'en 1906.

En 1904, des circonstances particulières l'ont appelé dans des régions où l'apostolat chrétien avait encore pénétré fort peu. Il en a profité pour entreprendre une sorte d'exploration spirituelle dans le nord-ouest de l'île, et tout particulièrement dans le Boina. Il a fait tout seul ce premier voyage d'enquête (septembre-octobre 1904).

Il en a fait un second de beaucoup plus longue durée, de juin à octobre 1907, accompagné, cette fois, d'un de ses collègues, M. André Chazel.

A la suite des constatations rapportées par eux, il a reçu la mission de poursuivre les efforts ainsi commencés. Et, d'avril 1909 à mai 1911, il n'a plus quitté ces pays, les parcourant dans tous les sens, dépensant ses forces sans compter, privé souvent, à l'exemple de son Maître, d' « un lieu où reposer sa tête», connu dans tous les villages comme étant le Blanc à qui l'on peut aller dire toutes ses détresses, conquérant par sa vie d'abnégation la confiance et l'attachement de toutes ces populations. Et quand son travail lui laissait quelque loisir (j'ai des raisons de soupçonner que ces instants de loisir étaient dérobés sur les heures dues au sommeil), il le consacrait à rédiger hâtivement les notes prises durant ses courses.

C'est ainsi qu'il a réuni un dossier d'une valeur rare sur une question très importante et mal connue.

Il était dans les pires conditions pour écrire un livre ; il était sans doute dans les meilleures pour en rassembler les éléments. Un voyageur, en traversant un pays, peut aisément colliger des plantes ou des pierres, observer tels ou tels phénomènes climatériques. Il n'obtient pas, en courant, des documents psychologiques. Un séjour prolongé ne lui suffit même pas pour cela. Il faut que les âmes, au lieu de se fermer comme elles le font toujours devant un étranger, s'ouvrent à lui. M. Rusillon, au milieu de ces populations, n'était pas comme un pur et simple « Vazaha ». Il était l'ami secourable, le consolateur et, malgré toutes les différences de race, le frère. Il a vu des choses que le Blanc ne voit généralement pas, et, comme il savait la langue indigène, il a pu comprendre des paroles qui, pour d'autres, auraient été dépourvues de sens. Et voilà pourquoi le dossier qu'il nous donne aujourd'hui sur le *Tromba* a une valeur exceptionnelle. Ce n'est pas une dissertation bâtie sur des documents de seconde ou de douzième main. C'est, pour sa plus grande partie, un recueil de « choses vues »; c'est la déposition claire, précise, détaillée, d'un témoin.

Ce n'est pas la première fois que l'on nous parle du *Tromba*. Au fond, c'est du *Tromba* qu'il s'agit dans les phénomènes d'agitation plus ou moins tumultueuse qui se sont produits, en 1863 et 1864, sous le règne de Radama II et auxquels l'on a donné le nom de *Ramanenjana*. Je rappellerai ces faits tout à l'heure. Des descriptions en ont été fournies, mais très sommaires et insuffisantes, dans les principaux ouvrages sur l'histoire malgache. Une étude assez détaillée et précise — la meilleure qui ait été faite jusqu'ici — a été publiée en août 1867 dans un recueil médical, *The Edinburgh Medical Journal*, et reproduite, en 1889, dans l'*Antananarivo Annual* (n° VI, pages 19-27). Il faut la compléter avec les détails

donnés par le P. de La Vaissière dans son livre,
publié d'après les notes du P. Abinal : *Vingt ans
à Madagascar*, p. 228-235 (1).

Il est temps d'étudier ces phénomènes en cux-
mêmes, dans leurs caractères spécifiques. Il faudrait que des recherches, analogues à celles que
M. Rusillon a menées à bien dans la Boina, fussent
entreprises dans les différentes parties de l'île.
Quand cette enquête générale sera terminée,
il y aura lieu de comparer les faits observés
avec d'autres qui se sont passés en d'autres
temps et en d'autres lieux. C'est alors seulement — et à condition que ces autres faits aient
été analysés avec précision — que la comparai-
son pourra présenter quelque intérêt véritable et
surtout quelque utilité scientifique. Jusqu'ici l'on
s'est trop préoccupé de rapprocher des manifestations qui ont, évidemment, des traits com-
muns, mais qui se sont produites dans les mi-
lieux les plus divers, et dont aucune n'a été exa-
minée de très près.

A propos du *Ramanenjana* de 1863 et 1864, on s'est

(1) Le titre de l'ouvrage est exactement : VINGT ANS A
MADAGASCAR : *Colonisation*, — *traditions historiques*, — *mœurs
et croyances*, d'après les notes du P. Abinal et de plusieurs
autres missionnaires de la Compagnie de Jésus, par le
P. de La Vaissière, de la même Compagnie (in-8°, Paris, 1885).

plu, non sans raison, à rappeler les épidémies de danse que l'on a notées au Moyen Age sous les noms de « danse de Saint-Vit ou Saint-Guy » et « danse de Saint-Jean », notamment celles qui se sont répandues en Allemagne en 1021 et en 1278, celle qui a sévi avec une intensité particulière à Aix-la-Chapelle en 1274, celle de « Tarentisme » qui s'est abattue à plusieurs reprises, et spéciale-ment au XVIIe siècle, sur l'Italie méridionale. Il est intéressant de citer ces phénomènes ; il est bien probable qu'ils ne sont pas sans rapports avec le *Tromba* ; mais, avant de préciser trop, il serait bon de nous donner, sur chacun d'eux, plus de détails (1).

Un cas récent de « Tarentisme » collectif a été signalé par les journaux en septembre der-nier. Cette fois, la description est assez précise. J'en citerai les traits essentiels d'après ce qu'en a publié le *Temps* (18 septembre 1911).

(1) L'enquête qu'il s'agit d'ouvrir est probablement plus vaste qu'on ne pense au premier abord. Il y a lieu, par exemple, de se demander si certaines cérémonies, qu'on ren-contre ici ou là, même dans des religions supérieures, ne sont pas des survivances atténuées, modifiées, d'autres phénomènes en rapport avec ceux qui sont étudiés ici. Voici, par exemple, quelques détails de la procession de sainte Orosia, à Yebra, dans le Haut-Aragon. Je les emprunte à une petite publica-tion, *l'Etoile du Matin* (Janvier 1912), qui paraît à Oloron ;

La scène se passe dans la Troude (ou Troade),
non loin de la petite ville de Yéni-Chehr, qui fut
l'antique Sigée. Le témoin, un Anglais, voit ceci :
« Au milieu d'un groupe de femmes qui hurlent,

le témoin qui écrit est M. le pasteur Albert Cadier : « La procession se forme, conduite par les porteurs de croix et de
drapeaux. Au centre, la châsse s'avance soutenue par quatre
hommes. A demi-courbés sous la châsse, marchent un homme,
une femme, deux enfants de 4 et 6 ans, que l'on dit démo-
niaques. Dix danseurs précèdent ce groupe douloureux. Tenant
dans chaque main un bâton blanc orné de pompons multico-
lores, ils se livrent au son d'un fifre à force gambades, tandis
que leurs bâtons s'entrechoquent en un mouvement rythmique. »
Ils ont des « chapeaux enrubannés, fleuris de fleurs artificielles
au milieu desquelles est planté un miroir. A leur tête marche
un petit enfant vêtu comme eux. Encadrant la châsse et les
danseurs, s'avancent en file indienne des hommes vêtus de
grands manteaux de bure. Ils sont pieds nus et tête nue, et
leurs manteaux de parade sont de vraies guenilles. Chacun
d'eux représente les bergers d'un même village. Cet honneur
leur revient du fait que ce fut à un berger que l'ange révéla
le lieu de la sépulture de Santa-Orosia. Quant aux danseurs,
ce sont toujours des jeunes hommes de Yebra. Bien que payés
par leur municipalité, ils seront largement gratifiés pour leur
peine par les paysans venus là. Aussi bien s'y ingénient-ils à
souhait. C'est ainsi que, dans l'après-midi, ils danseront en
l'honneur de tous ceux qui, en échange, sauront leur octroyer
de bonnes pièces blanches. Nous pensions, tout naturellement,
qu'en arrivant à l'église les danseurs allaient cesser leurs jeux.
Ce fut le contraire qui eût lieu. En effet, jamais je n'ai vu
danse aussi frénétique que celle à laquelle ils se livrèrent dans
ce sanctuaire. Le rythme des bâtons, qui continuaient à
s'entrechoquer en cadence, s'accéléra au point qu'il devint
impossible aux yeux de le suivre... » Il y a là des traits qui
rappellent de façon obsédante d'autres choses vues dans
d'autres circonstances. Je n'en tire aucune conclusion. Mais il
est permis de dire que le problème existe.

sanglotent et gesticulent, quatre jeunes filles, les
« possédées », tordent, convulsent comme des
marionnettes leurs bras, leurs jambes et leur
corps. Deux d'entre elles exécutent une sorte de
danse ralentie, comme ceux qui ont été piqués
par la tarentule. La troisième se jette la tête
en avant sur le sol, au risque de se briser le crâne ;
l'autre agite ses membres en avant et en arrière,
dans une espèce de gymnastique suédoise. Elles
sont tout essoufflées, haletantes, les yeux hagards. »
A croire les spectateurs, c'est saint Georges qui
tient ces jeunes filles en son pouvoir et qui les
contraint à cette agitation.

L'Anglais s'informe, et il apprend que des crises
de ce genre se produisent depuis trois ans, avec
un caractère épidémique, parmi les femmes de
Yéni-Chehr. La maladie fait son apparition tous
les ans à la même époque, une semaine environ
avant la fête de saint Georges ; elle arrive à
son maximum d'intensité le jour de la fête, puis
diminue progressivement et disparaît. Les gens
du village expliquent que les personnes qui souf-
frent ainsi ne sont pas des malades ordinaires :
elles sont possédées du saint, et il leur arrive
d'acquérir ainsi le don de double vue et la puissance d'opérer des miracles. « Cette année, dit
un autre témoin, l'épidémie s'est considérablement

développée. Le jour de la Saint-Georges, j'ai
assisté à l'office du matin, dans l'église. La voix
des officiants était couverte par les clameurs des
possédées. Il y en avait plus d'une centaine qui
causèrent un tel désordre que mes nerfs en furent
tout ébranlés. »

L'Anglais dont je parlais tout à l'heure a vu
ce spectacle : « Sous l'icone du saint, se tenait une
jeune femme, les cheveux épars, agitée et gémis-
sante. Son agitation allait croissant ; au paroxysme
de la crise, elle se jeta sur l'icone et l'étreignit.
Puis, tout à coup, elle se mit à grimper jusqu'en
haut de la balustrade qui enveloppe l'autel,
c'est-à-dire à une hauteur d'environ quinze pieds,
le long d'une colonne n'offrant aucune saillie.
C'est un exercice qui aurait fait honneur à un
acrobate professionnel. Quand elle en eut atteint
l'extrémité, une autre possédée vint l'y rejoindre. »

Il y a une parenté évidente entre ces faits
et ceux que nous raconte M. Rusillon. Ce qu'il
ne faut pas, — et c'est ce que l'on a trop fait jusqu'ici — c'est se contenter de voir les similitu-
des et négliger ce qui fait l'originalité de chacun
de ces ordres de faits. A chacun d'eux les
croyances mises en jeu donnent une caractéris-
tique spéciale. Il importe d'arriver à déterminer
ces caractéristiques différentes.

Ce n'est pas facile, dès qu'on veut sortir des généralités vagues. Un collègue de M. Rusillon, M. Pechin, dont le ministère s'exerce au Betsileo, a noté récemment dans son district une maladie qu'il a décrite avec le plus de soin possible (1) :

« On l'appelle ici *Bilo*, raconte-t-il ; un vieillard qui vient de faire un séjour de plus de trente ans dans le nord de Madagascar me dit que, sauf quelques particularités, c'est comme le *Tromba* des Sakalaves. En route, à deux heures au sud d'Ambositra, nous voyons un rassemblement ; c'est le *Bilo*. Il y a là une personne atteinte de cette maladie, qui s'en va à l'aventure à travers la campagne ; parents et voisins la suivent. Un peu plus loin, encore un malade ; dans chaque village on nous parle du *Bilo*... La maladie vient du sud ; depuis quelques jours seulement, elle a fait son apparition ici et se répand comme la peste. C'est comme une affection nerveuse qui atteint tout le monde, jeunes et vieux, hommes et femmes, surtout les jeunes gens. Ils déclarent avoir mal à la tête, quittent brusquement la maison, s'en vont errants, parfois nus,

(1) *Journal des Missions évangéliques*, 1910, t. I, p. 277 et suiv.

par monts et par vaux, se tenant de préférence
auprès des tombeaux. Ils sont agités, secouant
leurs membres et tout leur corps par des gestes
nerveux, ayant de temps en temps leurs mains
jointes derrière le dos comme si elles étaient
attachées, puis les dénouant brusquement, criant
sans cesse en haletant : *Hiaka, hiaka, hiaka.* Ce
mot sort de leur gorge comme un soupir douloureux. »

Citons encore ce cas décrit par le même témoin : « ... J'aperçois une jeune fille de quatorze
à quinze ans, marchant d'un air égaré, le front
barré, les yeux hagards, gesticulant d'une façon continue. Elle soulève les bouts de son *lamba* comme pour s'éventer, élève les bras, les
tord, parfois trépigne sur place. Une dizaine de
femmes, deux ou trois hommes la suivent, frappant des mains. Elle arrive près d'un tombeau
(un amoncellement de pierres rectangulaires),
tourne autour, continuant ses gestes. On lui
donne une bouteille d'eau dont elle se mouille
le visage, asperge ses voisins. Le groupe s'ac-
croît des passants. Une grosse matrone sort une
petite glace, la met en face de la malade et commence à lui faire vis-à-vis pour danser, en suivant la cadence des battements de mains conti-
nus de la foule. Les mouvements désordonnés

reparaissent. Quelquefois les forces de cette
enfant paraissent décuplées ; elle frappe le sol
comme une folle, tourne plusieurs fois sur elle-
même, secoue non seulement ses membres, mais
le haut de son corps, comme si elle voulait se
tuer. De temps en temps, elle s'écrie : « Je suis
malade », d'un air triste et lassé. Ou bien encore :
« Frappez des mains plus vite, accentuez la
cadence ! » Et elle ne cesse de trépigner, secouant son *lamba*, faisant le tour du tombeau.
A dix minutes de là, j'aperçois la même scène,
le même cortège ; il y a, en plus, une grosse
caisse pour exciter trois ou quatre jeunes filles
malades. Les deux groupes se sont rencontrés :
elles sont là maintenant cinq bacchantes en
proie à leur folie. Aux excitations des battements
de mains et de la grosse caisse, les jeunes filles
répondent par un accroissement d'excentricités.
L'une se blesse à la tête contre les pierres du
tombeau, une autre se laisse tomber lourdement,
exténuée, sur le sol ; ses compagnes la soulèvent,
elle retombe ; on essaie de nouveau de la soulever... »

Si l'on relit cette description après avoir étu-
dié celles de M. Rusillon, on est frappé de plusieurs détails. D'abord tout se passe auprès des
tombeaux ; les « esprits possesseurs » sont donc

censés être les esprits de morts, d'ancêtres. On
nous parle d'un miroir ; c'est aussi le cas dans
bien des scènes rapportées par M. Rusillon.
Enfin, dans un autre passage que je n'ai pas cité,
M. Pechin note la présence de la fièvre et il soup-
çonne le paludisme de n'être pas tout à fait
innocent dans l'affaire. Il ne semble donc pas
que le vieillard betsileo qui identifie le *Bilo* avec
le *Tromba* commette une erreur. Mais il y a plus :
d'autres témoins ont fait, à propos du *Bilo*, d'autres constatations. Ils ont observé qu'avant de
préparer le chant du *Bilo*, on construit une sorte
de cadre en bois, qui a l'air soit d'un lit, soit d'une
table, et auquel on accède par une sorte d'échelle
spécialement construite pour la circonstance.
Voilà des détails qui rappellent singulièrement
certains de ceux qui sont fournis par M. Rusillon (1). J'ajoute que la cérémonie qui suit est
assez différente de celles dont on trouvera plus
loin la description. Et j'avoue ne pas savoir très
bien, après avoir lu ces documents, s'il faut ou
non identifier le *Bilo* et le *Tromba*. Mon embar-
ras augmente, quand je vois que d'autres témoins
identifient le *Bilo* et le *Salamanga*, qui est bien

_____

(1) *Antananarivo Annual*, VI, p. 118-120. Voir plus loin
pages 67, 69, 70, 86, 88, 96, 104, 110.

une sorte d'exorcisme, mais dont les détails ne sont pas exactement du *Tromba* (1). S'agit-il de phénomènes qui sont bien les mêmes, mais dont les divers observateurs n'ont parfois saisi que tel ou tel aspect ? Les différences notées ne portent-elles que sur des points tout à fait secondaires ? On ne pourra répondre à ces questions qu'après une enquête généralisée et approfondie.

Si les descriptions et les analyses de M. Rusillon aident à comprendre un peu mieux quelques-uns des faits rapportés incidemment dans telle revue ou dans tel livre, elles jettent une lumière assez vive sur l'affaire du *Ramanenjana* à laquelle je faisais allusion plus haut et dont il est temps de parler maintenant. Ce que l'on en sait de plus précis — nous verrons que c'est incomplet — est dû à l'étude de M. A. Davidson

---

(1) *Antananarivo Annual*, VII, p. 267. Le P. de La Vaissière, dans le livre déjà cité (p. 232), est d'avis que le *Tromba*, le *Bilo*, le *Salamanga*, le *Ramanenjana* ne sont qu'une même maladie désignée, dans les divers dialectes, par des mots divers. D'autre part, un témoin, qui s'est efforcé d'étudier de près ces phénomènes, M. G. Mondain, m'assure que les Malgaches du Centre emploient parfois ces mots les uns pour les autres sans se rendre un compte exact des sens différents que ces mots peuvent avoir chez les Sakalaves ; il pense que l'identification dont il s'agit est trop hâtive et suppose une analyse incomplète des faits.

2

qui a été signalée plus haut et dont nous repro-
duirons ici l'essentiel : ·

« Pendant le mois de février 1863, les Européens en résidence à Tananarive entendirent
parler vaguement d'une maladie nouvelle et
étrange qui avait apparu dans la région du sud-
ouest. Les indigènes l'appelaient *Imanenjana*, et
les danseurs étaient nommés *Ramanenjana*, nom
qui n'éclairait en rien la nature de cette affection. De proche en proche, elle arriva dans la
capitale, et au mois de mars elle y fut commune.
Au début, on vit des groupes de deux ou trois
personnes, accompagnées de musiciens, danser
sur les places publiques ; après quelques semaines, ces personnes se comptèrent par centaines,
tellement qu'on ne pouvait sortir de chez soi
sans rencontrer quelque bande de ces danseurs.
La contagion s'étendit rapidement jusque dans
les villages les plus éloignés de l'Imerina et même
dans les chaumières isolées.

«...Les personnes qui en étaient atteintes
appartenaient surtout, mais non exclusivement,
aux classes inférieures. C'était en majorité des
jeunes femmes de quatorze à vingt-cinq ans ; il
y avait toutefois un nombre considérable d'hommes parmi les danseurs, mais ils ne dépassaient
pas le quart du chiffre total.

« ...Les malades se plaignaient ordinairement
d'un poids et d'une douleur dans le péricarde,
d'un malaise général, parfois d'une raideur à la
nuque. Quelques-uns éprouvaient aussi des douleurs dans le dos et dans les membres ; le plus
souvent il y avait accélération dans la circula-
tion du sang, quelquefois même de légers symp-
tômes fébriles. Après s'être plaints de ces malaises pendant un, deux ou trois jours, ils manifes-
taient une agitation nerveuse ; alors si la moindre excitation agissait sur eux, notamment s'ils
entendaient un chant ou un son de musique, ils
devenaient incapables de se maîtriser, s'échap-
paient, couraient à l'endroit où la musique se
faisait entendre, et se mettaient à danser, parfois pendant plusieurs heures consécutives, avec
une rapidité vertigineuse. Ils balançaient la tête
d'un côté à l'autre d'un mouvement monotone
et ils agitaient les mains de haut en bas. Les danseurs ne se joignaient jamais au chant, mais ils
faisaient entendre fréquemment un profond soupir. Les yeux étaient hagards, toute la physionomie avait une expression indéfinissable d'*absence*, comme si les malades eussent été absolument étrangers à ce qui se passait autour d'eux.
La danse se réglait sensiblement sur la musique, qui était toujours aussi rapide que possi-

ble et semblait ne l'être jamais assez au gré des
danseurs ; bientôt c'était moins de la danse que
du saut. Ils dansaient de la sorte, à l'étonnement
de tous les assistants, comme s'ils eussent été
possédés de quelque esprit malin, et avec une
endurance plus qu'humaine, lassant la patience
et les forces des musiciens qui se relayaient fréquemment entre eux jusqu'à ce qu'enfin les danseurs tombassent subitement comme frappés de
mort ; ou bien, si la musique venait à s'inter-
rompre, ils se précipitaient en avant comme saisis d'un nouvel accès, et se mettaient à courir
jusqu'à ce qu'ils tombassent par terre dans un
état d'insensibilité...

« Ils aimaient à porter avec eux des cannes
à sucre. Ils les tenaient à la main ou les mettaient
sur l'épaule quand ils dansaient (1). Souvent aussi
on les voyait évoluer en portant sur la tête un
vase plein d'eau, qu'ils maintenaient en équilibre avec une étonnante dextérité. Le tambour
était leur instrument favori, mais ils se ser-
vaient aussi d'autres instruments. A défaut
d'instrument, les assistants battaient la mesure
avec leurs mains ou chantaient un air particu-

---

(1) On verra plus loin, par exemple pages 82, 113, que
M. Rusillon note une canne parmi les accessoires ordinaires
du *Tromba*.

lièrement aimé des danseurs. Leur rendez-vous
préféré était à la pierre sacrée d'Imahamasina,
sur laquelle bien des souverains de Madagascar
ont été couronnés. Ils dansaient là pendant des
heures entières, et, avant de finir, déposaient sur
la pierre u·.e canne à sucre en guise d'offrande.

« Les tombeaux étaient aussi pour eux des
lieux favoris de réunion ; ils s'y rencontraient
le soir et y dansaient au clair de lune jusqu'après
minuit.

« Beaucoup d'entre eux prétendaient être en
relations avec les morts, notamment avec la feue
reine Ranavalona Ire. En décrivant plus tard leurs
sensations, ils disaient avoir éprouvé comme celle
d'un cadavre attaché à leur personne, et dont
tous leurs efforts ne parvenaient pas à les débar-
rasser ; d'autres parlaient d'un poids qui les attirait incessamment en bas ou en arrière (1). Ils

(1) Quelques passages, que j'emprunterai au P. de La Vaissière (p. 229-230), éclairciront ces détails. D'après lui, on
racontait que Ranavalona Ire, mécontente de voir son fils
Radama II rompre avec sa politique xénophobe, avait résolu
de venir en personne le mettre à la raison. Elle était partie
du séjour des morts, suivie d'une foule d'ombres, dont les
unes accompagnaient seulement leur souveraine, tandis que
d'autres portaient ses bagages : « Au premier village qu'elles
rencontrèrent sur la route, les ombres chargées des bagages
passèrent leurs fardeaux aux vivants ; ceux-ci, à leur tour, le
remirent à d'autres au village suivant, comme cela se pratique encore à Madagascar, où les colis royaux passent de

abhorraient par-dessus tout les porcs et les chapeaux. La seule vue de ces objets les révoltait
au point de les jeter parfois dans des convul-

mains en mains, et de village en village, jusqu'à ce qu'ils
arrivent à destination. Ainsi voyageait, disait-on, l'ombre
royale. Les vivants réquisitionnés pour la corvée des bagages
se sentaient tout d'abord saisis d'un violent mal de tête.
Bientôt après leur apparaissaient les ombres de la suite de
Ranavalona les entourant de leurs longues files et leur assi-
gnant un paquet, avec ordre de le porter jusqu'au prochain
village. Ces pauvres gens tombaient alors dans un état d'exaltation extraordinaire ; ils se mettaient à danser pendant une
journée ou deux dans leur village et aux environs, affirmant
qu'ils voyaient leur ancienne souveraine et lui faisaient
cortège. Ce temps écoulé, ils revenaient à leur état ordinaire,
et le village retrouvait la paix. C'est le 12 mars 1863 que la
nouvelle de cette étrange contagion fut portée à Tananarive
par des gens qui venaient du pays des Betsiléos ; elle pro-
duisit une sensation profonde... Cette impression, alimentée
chaque jour par de nouveaux bruits, alla croissant jusqu'au
26 du même mois. Ce jour-là, on annonça que l'ombre de feue
Ranavalona avait fait dans son ancienne capitale.
Ce qui est certain, c'est que la contagion envahit la ville le 26,
et qu'avant le soir, les visionnaires parcouraient les rues.
Ils se disaient chargés d'un paquet invisible à tout le monde,
qu'il leur fallait porter à la suite de Sa Majesté. Parfois leur
négligence leur attirait de rudes corrections ; on les voyait
alors se tordre, et pousser des cris comme sous l'impression
de coups violemment administrés, et leurs larmes roulaient
longtemps encore après la fin du châtiment. Leurs yeux
rouges, leurs traits tendus, les firent appeler par le peuple,
tantôt *Ramanenjana* (de *henjana*, tendu, raide), tantôt
Ramenabe (de *mena*, rouge, *bé*, grandement), et comme ils
répétaient sans cesse le mot *maika* (pressé, je suis pressé),
on les appela aussi *Ramaika*. » A propos du nom de
Ramenabe, donné à ces malades, je ferai simplement
remarquer que l'épidémie venait du Menabe et que les rois

sions ; elle les mettait toujours en fureur. Ils
éprouvaient également une vive répulsion, plus
difficile à expliquer, pour la couleur noire. Les
pourceaux sont réputés impurs par plusieurs
tribus malgaches, et l'on s'explique que ces animaux aient pu être l'objet d'une horreur supers-
titieuse. D'un autre côté, les chapeaux rappe-
laient le souvenir odieux des étrangers ; mais
comment expliquer cette antipathie à l'égard
d'une couleur ?... »

M. Davidson a eu raison de noter ici la répulsion éprouvée par les malades à l'égard des étrangers, des « Vazaha ». Il aurait dû aller jusqu'au
bout de la pensée qui s'était présentée à son
esprit. Cette répulsion est un facteur important de tous les phénomènes. Elle ne portait pas
seulement contre les personnes, mais contre
toutes les idées que ces personnes représentaient,
contre les mœurs nouvelles qu'elles prétendaient
introduire, contre la religion qu'elles prêchaient (1).

dont les noms sont le plus répétés dans les litanies du
Tromba sont d'anciens rois du Menabe. Je note la coïnci-
dence sans rien affirmer de plus. Cf. plus loin, p. 61-62, 140.

(1) « Des Ramanenjana, dit le P. de La Vaissière, avaient
osé dire publiquement au roi que sa mère était venue le
prendre pour l'emmener chez les morts ; elle ne pouvait
supporter que, par l'introduction des blancs dans le pays, et
par la tolérance illimitée de leur religion, il ruinât tout ce
qu'elle avait établi dans le royaume. » (*Op. cit.*, p. 231).

Et dès que l'on a compris cela, tout le reste s'explique, — peut-être même l'horreur de la couleur noire et des pourceaux. Ces malades se sentaient, disaient-ils, sous la domination d'un esprit. Cet « esprit » détestait les nouveaux venus. Il avait peur d'être exorcisé par eux. Et il connaissait l'histoire du possédé de Gadara dont les démons furent envoyés dans un troupeau de pourceaux (1). Les sentiments qu'il nourrissait à l'égard de ces animaux n'ont rien de mystérieux. Quant à la couleur noire, c'est celle des redingotes portées par les missionnaires anglais et des soutanes qui caractérisent les jésuites français.

M. Davidson a eu raison aussi, dans un autre passage : « Le choix du voisinage des tombes, pour les évolutions des malades, dit-il, s'explique par le culte des ancêtres et le respect superstitieux des tombeaux. » C'est vrai, mais c'est trop vague, et c'est insuffisant. La vérité, c'est que l'esprit qui est censé s'emparer des malades est l'esprit même d'un mort, d'un ancêtre. La réaction contre les nouveautés morales que les étrangers apportent monte du fond même de l'être ; elle est une suggestion de toutes les pen-

---

(1) Marc V, 1-7. Cf. Matth. VIII, 28-34 ; Luc VIII, 26-37.

sées, de toutes les passions, de toutes les éner-
gies qui sont systématisées dans le subconscient ;
en un sens, on peut dire que la vieille personnalité malgache se réveille en ces malades avec
une intensité violente et qu'elle les domine. Ils
expliquent naturellement leur état moral par une
possession, et ils rôdent autour des lieux hantés
par ces morts qui revivent en eux. Et l'on sai-
sit fort bien que, s'ils nomment parfois l'ancêtre qui s'empare d'eux, ils désignent, non pas
Radama Ier, qui a ouvert le pays aux étrangers,
mais la reine Ranavalona Ire qui les a chassés et
qui a persécuté leurs adhérents.

Et, s'il en est ainsi, M. Davidson, comme tous
les missionnaires d'alors, n'ont pas eu tort de
soupçonner que les adversaires des nouveautés
à l'européenne ont profité de ce mouvement pour
agir sur l'imagination crédule et la volonté débile
de Radama II ; mais ils ne sont pas allés assez
loin : le mouvement même du *Ramanenjana* a
été provoqué par une réaction profonde contre
ces nouveautés ; il n'a pas été un instrument
quelconque de cette réaction, il a été une forme
active et puissante de cette réaction même.

Le *Tromba*, le *Ramanenjana*, quelque nom
qu'on lui donne, n'est pas une forme indiffé-

rente du culte des ancêtres. C'est un état dans
lequel se cristallisent les anciens mobiles auto-
matiques et inconscients de la conduite, dans
lequel s'organise avec force la résistance à des
velléités de vie nouvelle, dans lequel l'âme de la
race, menacée dans sa constitution, se recrée
sous une forme passionnelle, dans lequel les pré-
jugés d'autrefois, les répulsions éprouvées, les
vieilles rancunes, les haines tenaces et dissimu-
lées se combinent et apparaissent avec l'autorité
d'une révélation envoyée par les pères. C'est
l'état moral dans lequel se refugie, se condense
et s'entretient un conservatisme farouche, un
nationalisme qui peut un jour s'exaspérer et devenir féroce (1).

Voilà pourquoi il ne faut pas s'étonner qu'en
1895, au moment de l'occupation de l'île par les
troupes françaises, il y ait eu une recrudescence
de *Ramanenjana*. Des cas nombreux en ont été
signalés, notamment dans le sud-est de l'Imerina (2).

Et voilà ce qui donne, actuellement encore.
une importance politique à ces manifestations,
Les fêtes que M. Rusillon décrit avec tant de

(1) Voir plus loin, pages 68, 70, 75, 91.
(2) *Antananarivo Annual*, XXI, p. 62.

précision reproduisent dans le menu détail le rituel de l'hommage que l'on rendait jadis aux rois du pays (1). Elles font plus que commémorer cet hommage. Elles supposent la présence réelle de ces rois revenus et comme momentanément incarnés chez les privilégiés que le *Tromba* a saisis. C'est par là qu'elles peuvent être l'expression religieuse et le dernier asile de tout ce qui est antieuropéen, antifrançais. Les indigènes qui les célèbrent ne s'en doutent pas toujours ; ils ne s'en doutent peut-être presque jamais. Mais ce qu'ils y vont chercher, c'est la communion avec l'âme antique de leur race. Ils y font, sans s'en rendre compte clairement, mais avec application et ferveur, un effort suivi pour sentir renaître en eux ceux dont ils tiennent la vie, pour rester en contact avec les vieux chefs disparus et toujours aimés, pour en recevoir des révélations et des mots d'ordre. Telles circonstances peuvent se produire où les sentiments qui feront explosion ne seront pas ceux que le gouvernement de la colonie souhaite de provoquer. Qui saurait dire quel commandement de révolte ces consciences obscures risqueront de sentir en elles et d'attribuer à la parole vénérée des ancê-

(1) Voir plus loin, pages 60, 71-74, 88.

tres ? Les hostilités sourdes, latentes, à peine
perçues par celui-là même qui les ressent, sont
toujours à la veille de prendre, dans le *Tromba*,
la forme d'une passion, la force d'une suggestion irrésistible.

Alors, que faire ? Proscrire ces cultes comme
périlleux, les exterminer ? La seule pensée d'une
telle mesure est odieuse. Elle ne saurait agréer
qu'aux hommes pour qui les questions d'ordre
spirituel ne se résolvent que par la force. Rien
n'autorise à traiter comme un délit la pratique
de ces cultes aussi longtemps qu'ils ne donnent
pas lieu à des désordres ou à des rébellions contre l'autorité de la France. Aussi bien serait-il
dangereux de les traquer. Ils se cacheraient dans
la brousse, et l'on peut être sûr que les sugges-
tions qui se produiraient dans ces consciences
irritées ne seraient pas faites d'amour enthou-
siaste pour les « Vazaha » vainqueurs (1). Le plus
simple est de les surveiller, sans taquinerie vexa-
toire, et d'écouter les mots d'ordre qui sont vati-
cinés par les revenants invisibles et présents.

Ce qui importe ensuite, c'est de se souvenir
de l'aphorisme qu'Auguste Comte se plaît à
répéter sans cesse : « On ne supprime que ce

_____

(1) Voir plus loin, page 176.

qu'on remplace. » Les phénomènes du *Tromba*
ne cesseront qu'au jour où, dans les âmes, d'autres sentiments actifs, d'autres forces passion-
nelles auront succédé à la religion ancestrale.
Quelles seront ces forces ? Il est loisible à la
libre-pensée militante d'essayer de communiquer
à ces âmes une doctrine de vie. Mais il est loisible aussi à des hommes religieux, par exemple
à des chrétiens, de quelque confession qu'ils
soient, d'entreprendre la même tâche. Libre-pensée et christianisme ont droit à la même liberté.
Ni l'un ni l'autre n'a droit à autre chose. L'administration n'est qualifiée pour soutenir ni une
propagande religieuse ni une propagande anti-
religieuse. Quand elle accorde un privilège à
l'athéisme ou à l'Evangile, elle se mêle de ce
qui ne la regarde pas. Mais il sera bien permis
de dire qu'elle trahit son mandat, quand elle
affecte de traiter avec une faveur imprudente
l'adoration des anciens rois (1) et qu'elle accable
de vexations l'exercice public du culte chrétien.
Il y a là une injustice et une absurdité.

La propagande chrétienne, en elle-même,
n'intéresse pas les pouvoirs publics ; et ceux-ci
n'ont pas à prendre parti pour elle et à l'ap-

(1) Voir plus loin, page 72.

pùyer. Mais il faut être aveugle pour ne pas distinguer que, dans la mesure où elle réussit, elle
met fin à l'action profonde du passé dans les
âmes, à l'envoûtement toujours menaçant des
ancêtres. Ce n'est pas une raison pour lui confé-
rer le moindre patronage ou privilège ; mais c'en
est une de se souvenir de la liberté qu'on lui doit
pour autant qu'elle se conforme à la loi et qu'elle
ne commet rien contre l'ordre public. Et il ne
faut pas appeler loi les fantaisies de l'arbitraire
administratif. Ce n'est pas une loi digne de ce
nom, celle qui ne dit pas, en un texte formel, ce
qui est permis et à quelles conditions cela est
permis (1).

Les cérémonies auxquelles le *Tromba* donne
lieu se célèbrent sans aucune autorisation préa-
lable et dans n'importe quel local. Pourquoi une
prédication de l'Evangile est-elle un délit si, dans

_____

(1) Pour plus de détails, je renvoie le lecteur à ma brochure. *Les vexations de la liberté de conscience à Mada-*
gascar (publication du « Comité pour la défense de la liberté
de conscience et de culte à Madagascar », 6, rue Schœlcher,
Paris, 1909). Voir aussi la brochure de M. Paul Viollet, membre
de l'Institut : *La liberté de conscience... à Madagascar.*
(L. de Soye, 18, rue des Fossés-Saint-Jacques, Paris, 1908).
Les faits racontés dans ces brochures se sont passés, non pas
sous le gouverneur général actuel, M. Picquié, mais sous son
prédécesseur, M. Augagneur. Ils n'ont été rendus possibles
que par l'absence de toute loi. Le manque de garanties contre
l'arbitraire, même quand l'arbitraire ne sévit pas, est le mal.

un village qui n'a ni temple ni église, elle se fait dans la case d'un simple particulier ? Des centaines d'hommes et de femmes peuvent librement parler autour de quelques individus qui se trémoussent en se disant possédés par l'esprit d'un mort : pourquoi traite-t-on en coupables des gens qui se sont réunis, à cinq, dix ou vingt, pour lire le *Sermon sur la Montagne* ou chanter un psaume ? Des foules excitées se presseront sans être inquiétées autour des *Doany*, égorgeront des bœufs, s'empliront d'alcool, feront tous les vacarmes possibles : pourquoi quelques chrétiens ne pourront-ils ouvrir un lieu de culte que si l'administration consent à les y autoriser ? Pourquoi celle-ci ne veut-elle ni spécifier dans quels cas cette autorisation sera de droit ni motiver ses refus ? Les adorateurs des vieux rois entretiendront aussi bien qu'ils le voudront leurs sanctuaires ; ils les répareront à leur guise et aussi souvent qu'il le faudra : pourquoi des chrétiens ne peuvent-ils refaire la toiture ou un mur d'une chapelle sans avoir mendié l'agrément de fonctionnaires qui ont trop souvent l'air de trouver la requête importune ou même impertinente ?

Un tel régime n'est pas seulement un démenti à tous les principes dont notre démocratie a la prétention de s'inspirer (1) ; il est contraire aux intérêts les plus évidents de la France. Les pauvres sectaires qui l'ont inventé ne sauraient compren-

(1) Il est bon qu'on sache quelle caricature de ces principes a été présentée trop souvent aux indigènes. Je citerai quelques passages dans un article intitulé : *Ennemis de la France* et publié, le 13 mars 1908, par un journal officieux écrit en malgache, le *Mifoha Madagascar* :

« Depuis que Madagascar est devenue colonie française, la France, notre chère mère, n'a pas cessé de nous traiter comme ses enfants. Il nous a été montré clairement ce que la France demande de nous et ce que le gouvernement de la République veut que nous soyons... Presque tous les Malgaches disent qu'ils aiment la France. Et cependant, il est triste à dire qu'il y a encore des Malgaches notables, intelligents, intendants des églises, qui font semblant d'aimer la France et qui, pourtant, la haïssent...

« Qu'est-ce qu'aimer ? N'est-ce pas écouter, approuver, honorer la volonté de celui qu'on aime?... Si nous n'écoutons pas la volonté de la France, nous sommes ses ennemis.

« Ils sont nombreux, ces *Mpitandrina* (chefs de paroisse), ces fonctionnaires, ces gouverneurs qui semblent se couvrir de ce prétexte : « Liberté de conscience pour tous ; nous pouvons donc suivre la prière que nous voudrons... »

« Qui pourrait croire que tel *Mpitandrina*, tel fonctionnaire, tel gouverneur aime la France, s'ils ne suivent pas la volonté de la France et s'ils ne font pas ce que le gouvernement et ses représentants veulent qu'ils fassent...

« C'est donc à vous d'abord que je m'adresse, employés du gouvernement... Ne faites pas semblant d'aimer la France... alors que vos actes crient le contraire... N'allez pas invoquer la liberté de conscience, car cela ne déguisera pas le peu de cas que vous faites de la volonté du gouvernement. Il est clair que le gouvernement ne veut pas de l'union de l'Eglise et de l'Etat, et cependant vous allez encore chez les Révérends Pères et chez les Missionnaires protestants...

« Quant à vous, *Mpitandrina*, employés de paroisse...,

dre ces vérités élémentaires. Ils n'étudient rien ;
ils ne s'intéressent qu'aux moyens de satisfaire
leurs haines vulgaires. Il faut sans doute leur pardonner beaucoup, leur responsabilité étant très
atténuée par leur ignorance.

En dépit des outrages auxquels l'on s'expose,
de l'indifférence ou des lâchetés auxquelles on se
heurte, du prix dont on risque de payer cette
audace, c'est servir la France que de lutter, contre
ce triste fanatisme, pour la liberté de conscience
et de culte à Madagascar. Et tant qu'il y aura
des hommes pour soutenir ce combat, le ridicule
qui pèse sur notre pays devant les étrangers qui
savent sera un peu diminué ; c'est toujours une
consolation.

Je me permets d'en espérer une autre : l'acte
noble d'un gouverneur général qui aura le
courage de rompre en visière avec un fanatisme
par trop grossier et qui, appuyé par un ministre
des colonies avisé, fondera, par un arrêté rédigé
en quelques lignes, un régime de liberté réglée
et garantie. Je crois trop en mon pays pour ne pas

prenez garde au proverbe : « Pour vivre avec la reine, il
faut se soumettre à ses lois »... Tous ceux qui sont attachés
au gouvernement de la République sont opposés aux
Missions... Ne mettez donc pas en avant la liberté de
conscience, mais faites ce que veut le gouvernement. »

3

attendre avec confiance cette revanche du bon
sens et de la justice; et, au moment de déposer
la plume, je suis heureux d'avoir enfin des
raisons de penser que cette confiance patriotique
ne sera pas déçue et que le triomphe des
principes n'est peut-être plus lointain.

Raoul ALLIER.

AVERTISSEMENT

Le travail qui suit n'a pas été écrit dans un but littéraire. Il n'est pas davantage le fruit de quelques hâtives observations. Il a été rédigé après l'examen de nombreux cas qui se sont échelonnés sur plusieurs années et après des recherches poursuivies auprès des malades guéris ou des possédés affranchis. On n'a pas la prétention de dire que le sujet soit épuisé. Il y aura toujours, d'ailleurs, une part d'imprévu et, par conséquent, de nouveauté dans les cérémonies dont nous nous proposons de parler ; souvent aussi elles diffèrent dans les détails d'une région à l'autre et même d'un clan à l'autre.

Seul un médecin, doublé d'un psychologue, serait qualifié pour donner à cette étude toute la valeur désirable. Le médecin de colonisation, qui est indigène, pourrait donner des renseignements sûrs et se montrer capable d'appréciations justes ; mais s'il n'est pas lui-même influencé par les erreurs de ses compatriotes, il est confiné dans son travail ; ses fonctions ne lui laissent pas la liberté de faire des observations qui ont besoin d'être multipliées et contrôlées les unes par les autres. Pour nous, nous avons essayé de suivre la vérité d' . si près que possible.

Sans nous ir rdire de prendre nos exemples dans les régions diverses où nous avons pu recueillir les faits, nous nous en tiendrons généralement à ce que nous avons vu dans le pays dénommé Boina ou Boeny, qui forme la presque totalité du nord-ouest de l'île. Au reste, il serait arbitraire de vouloir fixer une barrière à des phénomènes qui, par leur essence même, passent par dessus les frontières, et ne connaissent ni race, ni sexe, pas même l'âge.

Pour décharger le récit d'incidentes, d'explications nécessaires, nous ajoutons un très court lexique et quelques étymologies à ce travail. Le lecteur y gagnera d'apprendre un petit nombre de mots indigènes et de marcher plus vite dans le dédale des idées malgaches (Hova ou Sakalaves). Il rencontrera quelques répétitions, mais quand elles ne sont pas un simple rappel, elles correspondent à une idée ou à une situation nouvelle.

Marovoay, 31 décembre 1910.

ILE DE
MADAGASCAR

CANAL DE MOZAMBIQUE

Mayotte

Diego

Nossi-bé

Vohémar

Bemihiza

Bemazava

Antalaha

Analalava

Antongila

Majunga

Antsoana

Ambatoa

Amdirano

Soalala

Maroyrota

Maevatanana

Betsioh

Ambeto

Ile Ste Marie

Maevatanana

Mavato

Tamatave

Maintirano

Andevoranto

AMBONGO

VEZO

SAKALAVA

BOINA

TSIMIHETY

OCÉAN INDIEN

Morondava

Nananjary

MENABE

Tuléar

Farafangana

CARTE ETHNOGRAPHIQUE

▭ Zone d'Influence Sakalava.

········ Divisions approximatives des différentes régions.

Fort Dauphin

CARTE DE MADAGASCAR
démontrant la zône d'influence de la race Sakalave

CHAPITRE PREMIER

—

LES ORIGINES

D'UNE TRIBU ET DE SON CULTE

———

L'origine du peuple sakalave, qui occupe toute la partie ouest de Madagascar, est entourée du plus profond mystère en dépit de quelques indications données par Flacourt (1661) et Drury (1687-1743). Les traditions orales, généralement ornées de traits légendaires et conservées par des vieillards dont c'est toute la gloire, quelques coutumes religieuses et, en particulier, le *Tromba* sont tout ce qu'on a pour essayer de soulever un peu le voile derrière lequel, du reste, il n'y a peut-être rien de spécialement intéressant.

Ce serait une erreur que de considérer les Sakalaves comme formant une grande tribu homogène. Non seulement ils sont divisés en deux

groupes dénommés d'après leur habitat : le Menabe et le Boina — l'Ambongo étant compris
souvent dans l'une ou l'autre région ou partagé
entre elles —; mais ils forment une mosaïque
de petites tribus qui ont été toutes plus ou
moins indépendantes les unes des autres et souvent en guerre ouverte les unes avec les autres.
Ils ne représentèrent jamais une peuplade unique et relativement nombreuse, même avant
l'arrivée des Antalaotsy ; et ces derniers durent
renoncer à mettre la main sur eux et à les réduire
en esclavage.

Le nom même qu'on leur donne aujourd'hui
est celui d'une tribu originaire du sud et qui, par
son courage, sa volonté, aidée sans doute des
circonstances, sut s'imposer à ses voisines et peu
à peu les subjuguer.

Les Sakalaves commencèrent leur marche
conquérante vers la fin du xive siècle sous la
conduite d'un certain Andrianalimbe. Mais si l'on
trouve ce ncm ici et là dans les travaux de plusieurs malgachisants, il est impossible d'en retrouver la trace dans les traditions, du moins
dans celles que nous avons pu nous faire conter.
Parmi les esprits se révélant par le *Tromba*, on
trouve, mais rarement, un certain Andriamaizimbe qui pourrait bien être Andrianalimbe, les

deux noms ayant un même sens et Andriamaizimbe étant considéré comme le *Tromba* le plus
lointain, si ce n'est le plus renommé. C'est son
fils ou petit-fils qui accentua le caractère conquérant de la tribu ; mais celui-ci aussi — Andriamandazoala — est absolument inconnu ; on
le retrouve, cependant, mentionné dans les cérémonies du *Tromba* où il est considéré comme un
Moasy guérisseur remarquable, et même comme
un *Zanahary an Hiboka* ou « dieu dans le ciel ».

En réalité, la tradition ne remonte pas plus
haut qu'Andriamisara ; et encore à son sujet y
a-t-il des hésitations. Pour les uns, Andriamisara est sorti de la mer et s'est imposé à la tribu
sakalave. Il en fit une tribu invincible. Pour
d'autres, il est descendu du ciel et, son œuvre
accomplie, il y est remonté. Une troisième hypothèse — indigène, elle aussi — est fondée sur
des raisons religieuses et étymologiques. Andriamisara serait un *Ombiasy* qui suivait le roi d'une
tribu du sud et qui, par ses *ody*, lui assurait la
victoire. A la mort du roi, il en aurait pris la
place. Quant à son nom, il le devrait à son habitude de rechercher sans cesse et d'acheter per-
pétuellement de nouveaux *ody* (*Sara* : achat ;
misara : acheter ; *andriana* : noble, grand). De
son vrai nom il s'appelait *Tofotra* : mot traduit

en hova par *Tafita* et en français par « a passé »
sous entendu : « la mer ». De ce récit, transmis par
une tradition ou inventé de toutes pièces, il y
a lieu de rapprocher les aventures de Drury qui
sut jouer, à l'occasion, le rôle de sorcier. Enfin
on déclare qu'Andriamisara était blanc, ce qui
aide à croire que les premières indications ne
sont point de pure imagination. Il est arrivé en
plus d'une circonstance que des voiliers firent
naufrage sur les côtes inhospitalières de notre
île et que tels individus purent, à force d'audace
et d'habileté, ou simplement profitant de l'ignorance du noir, s'imposer comme chefs de clan.

Il semble bien, dans tous les cas (qu'il s'agisse
des trois personnages indiqués, ou d'un seul d'entre eux), qu'ils étaient d'origine européenne ou
au moins arabe. Drury raconte avoir vu· une
princesse blanche ; et aujourd'hui encore la
suprême preuve qu'on donne comme décelant le
Sakalave, c'est son teint cuivré, c'est-à-dire fortement hâlé. Cela réduit le nombre des membres
de la tribu à bien peu de chose et indique sa puissance d'assimilation.

Ce n'est point ici le lieu d'entreprendre une
discussion au sujet de l'étymologie du mot *Sakalava*. Il n'est lui-même pas plus vieux que les
conquêtes de ceux qui le portent. Peu à peu il

remplaça les noms des diverses tribus subju-
guées ; de ces noms, beaucoup sont parvenus jusqu'à nous ; et l'on retrouve des individus qui les
portent et même se réclament de droits plus
anciens que ceux des rois sakalaves.

Ce fut d'abord le Menabe qui fut envahi par
le fils ou petit-fils d'Andriamisara : Andriandahifotsy. Celui-ci eut des fils, craignit pour sa
couronne chèrement acquise ; et il envoya plus
au nord celui de ses enfants qui lui paraissait le
plus à craindre ou le plus entreprenant. Andriamandisoarivo est son nom. Ce fut la conquête
du Boina. A son tour Andriamandisoarivo envoya ses fils plus au nord ; et c'est ainsi que, de
Tuléar jusqu'à la montagne d'Ambre, s'établit
l'hégémonie sakalave. Ce fut pendant plus d'un
siècle une longue série de combats où même les
Arabes, fortement installés sur la côte, à l'embou-
chure de la Mahavavy, furent vaincus.

Andriamandisoarivo mourut, laissant un nom
aimé et respecté. On voua un culte à sa mémoire,
comme il avait voué, de son vivant, un culte à
ses ancêtres. Il avait conservé les cheveux, les
ongles, quelques ossements de son père, qui lui-
même en avait quelques-uns d'Andriamisara.
Son fils Andrianamboniarivo recueillit ces reliques, en y ajoutant les restes de son père. Ses

propres restes devaient être un jour traités avec autant de vénération, et ce sont ces débris qui forment le quatuor d'idoles nationales connues aujourd'hui sous le nom unique d' « *Andriami-sara efa-dahy* ».

Il serait sans intérêt, pour l'objet qui nous occupe ici, de continuer cette nomenclature des rois sakalaves ; mais il était nécessaire de rappeler comment s'est développée cette petite tribu dont les chefs peuplent aujourd'hui l'Olympe Sakalave, sont servis, invoqués, à l'égal de Dieu même dont, en dépit de timides dénégations, ils ont pris le nom et la place.

CHAPITRE II

LES LOLO OU ESPRITS

La croyance aux esprits et aux sorts est le fond même de la théodicée malgache. Tous les événements de la vie, bons ou mauvais, plus encore les mauvais que les bons, sont soumis à l'influence mystérieuse des esprits. Les *lolo* sont partout : sur la terre, sous la terre, dans l'eau, sur l'eau, dans la forêt, dans la rivière, dans l'air ; tels arbres, telles montagnes sont particulièrement habités, et presque toujours le *lolo* est un ancêtre. C'est généralement après plusieurs générations que l'ancêtre est appelé *Zanahary* (créateur) ; et ce nom est ordinairement réservé aux aïeux qui se sont spécialement distingués pendant leur vie ou que la légende a parés des qualités les plus propres à les faire admirer.

Donc si un fait anormal se produit, c'est qu'un *lolo* l'a jugé convenable, soit pour rappeler à l'ordre un individu coupable de mépriser les *Fady*, soit pour attirer l'attention sur lui-même. La maladie n'a pas d'autre explication, et même le vice trouve là une excuse. Un ivrogne, à qui le missionnaire adressait des exhortations, répondait, sans qu'il fût possible de suspecter sa sincérité : « C'est vrai ; je souffre et je suis malheureux, mais ce n'est pas moi qui veux boire, je suis frappé par le *lolo*. » Et c'est ainsi qu'il expliquait son abjection, son impuissance à résister. Un autre s'était emparé de sa volonté.

On rencontre aussi l'idée d'une certaine métempsycose. Les caïmans sont divinisés, non pas comme dieux spéciaux, mais comme étant la demeure des ancêtres. Souvent le Sakalave est, à sa mort, coulé au plus profond de la rivière ; ce fut surtout la coutume pour les anciens chefs. Aujourd'hui encore certains individus prétendent être en rapports avec eux. Dès lors on ne s'étonne pas que le crocodile soit particulièrement respecté. Le bœuf aussi a une part de vénération, mais il doit avoir les quatre pieds blancs, ainsi que la queue, et une étoile sur le front. Dans les cérémonies de *Tromba* ou « *joro velona* », il sera prié en longues formules embrouil-

ANOSIKELY DE MAROVOAY

SOUS UN ARBRE SACRÉ (EN HIVER)

lées où reviennent tous les noms des ancêtres connus et qui sont censés habiter le bœuf. Occasionnellement, d'autres bêtes ou reptiles sont désignés comme possédant des *lolo* ; mais ce n'est généralement que pour un temps très court.

L'esprit de l'homme lui-même, ce que le Sakalave appelle « *dzeri* » et le Hova « *fanahy* », peut se séparer de l'individu, être saisi par les *lolo* et s'en aller errer à droite et à gauche. A cet égard, les idées malgaches, et pour cause, sont extrêmement flottantes. On dit couramment d'un enfant qu'il n'a pas encore de *fanahy* ou de *dzeri*, ou d'un homme qui n'agit plus suivant les règles ordinaires ou d'après ses habitudes, qu'il est « *very fanahy*, » c'est-à-dire qu'il a perdu l'esprit, seul son corps reste, il est sans âme.

Il y a même des accidents qu'on redoute spécialement, car ils mènent à la mort. Si un homme a perdu son double : *ambiroa*, c'est qu'un *lolo* s'est emparé de sa vie. Il convient alors d'agir promptement pour rentrer en possession du précieux bien. L'*ambiroa* est visible. Si, marchant sur une route très blanche ou au bord de l'eau, vous regardez votre ombre, vous constatez qu'il y a une deuxième ombre plus indécise, ou pénombre, elle s'appelle *ambiroa*. Dans certaines conditions de lumière, elle peut disparaître ; et c'est ce phénomène si simple qui est considéré comme un présage du plus redoutable des malheurs.

L'ombre (*landindona*) est appelée souvent l'esprit visible, et un Sakalave explique que c'est là une vérité incontestable : 1º parce que l'ombre ne se sépare pas du corps, 2º parce que l'ombre est insaisissable, et particulièrement ne peut pas être prise entre les battants d'une porte, bien que son possesseur ne bouge pas de place.

La deuxième ombre que produit le corps suivant la position qu'il occupe par rapport à la lumière, et qui est plus indécise que l'autre, s'appelle « *avelo* » ; et si elle n'apparaît plus, c'est que les *lolo* se sont emparés de l'esprit.

On voit sous quelle hantise de terreur vit continuellement l'indigène, qu'on dit si indifférent, et comment s'explique son naturel craintif et flottant. Il ne sait pas ; il ne comprend pas ; il vit dans des transes perpétuelles.

Libéré de ses attaches par la mort, l'esprit ou *dzeri*, ou *fanahy*, ou *lolo*, se livre à toutes les actions qui peuvent lui plaire. Il ira visiter ses parents, troubler le sommeil par des rêves bizarres, imposer des idées curieuses, inattendues, baroques, suggérer des actions de tout ordre,

éteindre les lumières, etc. Les conditions dans
lesquelles il vit alors sont celles qu'il a connues
quand il était dans la vie ordinaire ; il a les
mêmes préoccupations ; il a les mêmes amis, les
mêmes ennemis, les mêmes richesses, les mêmes
goûts.

On trouve même plusieurs royaumes des
esprits ; et si l'un deux est spécialement renommé sur les hauts plateaux (il s'agit d'Ambon-
drombe, au sud-ouest du Betsileo), il en existe
une foule d'autres dans les diverses régions de
l'ouest. Chaque tombeau est le centre d'une
petite société qui agit, sait se venger, protéger
ou rire. Les *doany* sakalaves sont considérés
comme la demeure de *dzeri* royaux ; et c'est là
qu'on vient offrir aux grands chefs, non seulement des prières, mais des objets d'usage jour-
nalier, de l'argent ou de la nourriture qui reste
sur place. Dans l'Ambongo, on peut voir, en
des régions dépourvues de tout ce qui est utile
à l'indigène, de tout petits groupes d'anciens
esclaves qui s'obstinent à vivre en un lieu malheureux, uniquement parce qu'ils se croient
chargés de nourrir les ancêtres dont les tombeaux sont là et ne peuvent être transportés.

Ces idées sont si ancrées au fond de la pensée
qu'on peut entendre des gens qui parlent de se

venger, après leur mort, de tels ou tels individus.
Ceux-ci, informés, cherchent alors à rentrer en
grâce. Bien plus encore, un voyageur, M. P. de B.,
ayant séjourné dans le sud (mai-sept. 1910), en a
rapporté l'information suivante : les Mahafali
se suicident pour arriver à se venger plus rapidement des offenses dont ils se croient victimes,
et on a vu une sorte d'épidémie de suicide parmi
une bande de jeunes hommes.

Ceux qui croient avoir des raisons de se mé-
fier de l'esprit de certains morts ont recours
aux *fanafody* des *mpomasy* qui chassent ces
esprits ou annihilent leur influence ; ceux-ci orga-
nisent des cérémonies qui sont de vrais exorcismes. D'autres veulent être sûrs de n'être pas
seuls après leur mort, et ils indiquent le nombre
de bœufs qu'on devra leur sacrifier, les époques
où il faudra renouveler ces sacrifices et les libations;
car celles-ci sont la part des vivants et aussi des
morts. Les sacrifices humains faits lors du décès
des rois sakalaves, ou plus exactement de ceux qui
ont régné avant eux sur les tribus autonomes,
n'ont pas d'autres explications. Le roi décédé
devait continuer d'avoir ses bœufs, sa fortune ;
et il lui fallait un esclave ou une femme. Généralement cet esclave, moins souvent la femme,
s'offrait volontairement après des jours de cé-

MAROVOAY : Le Service des Grands jours

GROUPE SERVANT LE TROMBA DANS LES MANANDRIA (TAMBOURS) ET LA CLÉ

rémonies et d'excitations. L'esprit du grand chef était en repos ; il avait un serviteur esprit.

Il y a souvent aussi, dans les sacrifices, une substitution ayant à sa base un parallélisme bien en rapport, d'ailleurs, avec toutes les autres idées indigènes, et qui montre, pour sa part, ce qu'il y a de sensible au fond de l'âme malgache, qu'une grossière incompréhension ou une connaissance bien superficielle représente comme parfaitement indifférente aux choses religieuses. Quand c'est un enfant qu'il faut faire accompagner dans la tombe, on tue un jeune veau. Si, au contraire, c'est une mère encore jeune, une vache suitée sera immolée près du tombeau. La bête qui reste pousse alors de lamentables beuglements qui viennent dire la désolation des parents et assurer qu'un cortège de circonstance a été fourni au défunt.

L'esprit lui-même reprend parfois corps. J'ai longuement entendu parler d'une jeune femme que j'ai connue et qui, après vingt-quatre heures de mort, et alors que tout était prêt pour son ensevelissement, est revenue du royaume des esprits pour faire des communications diverses à sa famille et à ses voisins et indiquer le jour et l'heure exacts de sa mort définitive qui survint en effet dans les conditions prévues. C'était à l'époque

4

troublée de 1903-1906, où de violentes épidémies
régnaient en Imérina, et où même des vivants
étaient ensevelis alors qu'ils n'étaient qu'éva-
nouis ou dans un état spécial d'insensibilité dont
sont souvent victimes les malades atteints de
paludisme chronique.

L'esprit se matérialise : on le voit sur les tombeaux, dans les lieux qu'il a affectionnés, dans
la case qu'il a habitée. En 1906, toute une région à l'est de Tananarive fut vivement affec-
tée parce que, certain soir, on vit un homme célèbre
dans le pays, mais mort depuis environ dix
ans, appuyé à la fenêtre d'une case dont il avait été
propriétaire. Les détails étaient donnés avec
précision, les jours et heures indiqués, les témoins cités.

Ces deux cas ne sont point isolés ; car le soir,
autour du feu, que d'histoires extraordinaires
de revenants on peut entendre ! Et on en enten-
drait bien d'autres, si les gens osaient parler devant le missionnaire avec une pleine liberté. Un
individu vient vous dire tranquillement qu'il a
eu la visite d'un défunt dans la nuit. Un mari
a longuement parlé avec sa femme. Celle-ci lui
a laissé un mot d'ordre pour sa conduite. Un
autre raconte ce qu'il a pu connaître de l'autre
vie d'après un rêve qu'il a fait, alors qu'il ne

dormait pas ; et il répète qu'il ne dormait pas du tout. Il affirme tout cela très sincèrement et dans des termes qui montrent que les voyants ne sont pas sortis de leurs préoccupations habituelles, car les esprits ont parlé le langage de leur interlocuteur, sans s'élever au-dessus de leurs connaissances ou de leur moralité.

La correspondance même entre malgaches peut montrer quelle place la question des esprits tient dans la vie ordinaire. Nous donnons ici la traduction d'une lettre où se trouvent, dans un curieux mélange, des indications précieuses qui se rapportent à notre sujet ; elle est d'autant plus intéressante qu'elle émane d'un jeune homme instruit, en relations habituelles avec des Européens et des meilleurs, et qu'en outre, elle ne nous était pas destinée.

« A... 16 octobre 1909.

... « Chose nouvelle ! Ecoute et lis bien main-
« tenant cette chose grande et nouvelle qui
« arrive ici ; elle est étonnante et il n'y a rien
« eu de pareil :

« Des messagers de l'au-delà !

« Voici donc ce que c'est. Dans le gouverne-
« ment d'Isoavimbazaha, près de Miarinarivo, il

« y a un village appelé Ambatolampy, où vivait
« un homme zélé pour le service de Dieu, et
« cet homme est mort depuis environ 10 ans.
« Comme Dieu l'a béni, il est revenu parmi ses
« parents pour les réveiller ; et voici comment
« il se manifesta dans la maison : il ne parla
« pas et on ne le vit pas, mais il lança des pier-
« res à ceux de la maison qui ne virent pas d'où
« elles venaient. Il a fait cela pendant plusieurs
« jours. Puis il a changé et n'a plus lancé de
« pierres, mais il s'est mis à casser les marmites.
« Ses parents crurent que c'était un *lolo* des
« marais qui allait à Ambiaty ; mais il ne s'ar-
« rêtait pas et même il s'est mis à siffler. Malgré
« cela, on ne le voyait pas. Ses enfants lui parlè-
« rent : Si tu as quelque chose de bon à dire,
« dis-le, mais ne continue pas à nous effrayer.
« Cela dura encore un certain temps. Ses petits-
« enfants ne voulaient pas étudier, il prit les
« ardoises, mais on ne le vit pas en chemin.
« Quand il avait lancé des pierres dans la maison,
« on croyait que c'était des brigands. Quantité
« de gens vinrent dans la cour pour aider les
« habitants ; mais ils ne virent rien que les pier-
« res qui tombaient en faisant grand bruit. Il
« y avait dans la maison une jeune fille qui
« conservait des *ody* et qui tissait des rabanes.

PARTIE DE GROUPE VUE DE PRÈS

La femme debout victime du Tromba avec une pièce de cinq francs dans la chevelure, preuve de ses relations avec les esprits

« Cela froissait le *lolo* qui cassait continuelle-
« ment les fils de la chaîne. En voilà assez sur
« ce qu'il a fait pendant qu'il ne parlait pas et
« allons à ce qu'il a fait quand il a parlé.

« A ce moment-là, voilà ce qu'il a dit : N'ayez
« pas peur ; c'est moi, Rainimamonjy votre père,
« qui viens parce que je suis malheureux de ce
« que vous faites : 1º Vous vendez toutes les
« rizières et pourtant c'est la terre des ancê-
« tres, rien ne vous forçait ; 2º (petite déchi-
« rure)... vous aimez de mauvais compagnons,
« et c'est pourquoi j'ai lancé des pierres ; 3º il
« faut prier ; qui ne prie pas va en enfer. —
« Pendant cette conversation il dit qu'il devait
« y avoir des temps consacrés à la prière. La
« Bible est la vraie règle, ceux qui l'oublient
« quittent la vérité. Ceux qui veulent être sau-
« vés doivent obéir aux dix commandements de
« tout leur cœur. Il n'y a point de feu purifi-
« cateur suivant la foi de quelques-uns. Il indi-
« qua des chants à chanter (ils sont désignés)
« et même il chanta tout seul. Il expliqua les
« dix commandements et le fit bien mieux qu'un
« homme de collège expérimenté. Ceux qui
« étaient dans la cour n'ont pas entendu cela.
« Voici encore ce qui étonne : il a voulu qu'on
« mette son assiette ; et quand le riz fut épuisé,

« il rendit son assiette en disant : Voici l'as-
« siette. On entendit le bruit de ses mâchoires,
« mais on ne vit pas son corps. Il voulut qu'on
« achetât des pastilles de menthe, il les donna à
« ses enfants, mais avant il voulut les lécher un
« peu. Tout le monde entendit cettte histoire
« et se réunit là le 7 août 1909. Il y avait là le
« gouverneur, la sage-femme, deux évangélis-
« tes, plusieurs instituteurs et environ 400 per-
« sonnes. Les gens disaient là que tout cela
« n'était pas vrai, et ils veillèrent la maison et,
« pour y voir clair, les gens firent du feu pour
« voir qui parlait, quand tout d'un coup il parla
« en disant : Quand bien même il y aurait de
« grandes lumières, vous ne me verrez pas, car
« je suis esprit, croyez que je suis messager... »

La lettre continue par des recommandations
de l'esprit qui dit, entre autres choses, qu'un
deuxième esprit, au même moment, a été envoyé
en Amérique. Il sait lire, écrire, parle français,
alors même que sur la terre il ne savait rien,
étant réputé ignorant et incapable.

Bien que confus, obscur parfois, laissant devi-
ner les faits, soupçonner une supercherie, qui a
été, nous le savons, pleinement dévoilée, ce récit,
qui donnerait matière à des réflexions diverses,

montre avec évidence quelle est la mentalité
indigène. Les Malgaches, même quand ils ont été
affranchis en partie des vieilles superstitions et
notamment du culte des morts (dont la pratique
se continue, quoique dépouillée des idées qu'on
y attachait il y a peu d'années encore), demeurent
singulièrement inquiets, et leur esprit en mouvement s'en va des erreurs les plus subtiles aux
négations les plus énormes ; mais même sous
celles-ci il y a une imagination toute prête à
être la dupe des choses les plus invraisemblables.

Dans les parties de l'île où l'intervention chrétienne ne s'est pas encore produite ou n'a pas
encore eu le temps de modifier la mentalité générale, le culte des morts — et en particulier
celui des ancêtres célèbres — a gardé toute sa
force et son attrait. Les Merina avaient une
grande vénération pour leurs rois ou reines :
ceux-ci étaient « Dieu vu par les yeux », ils
étaient les objets des attentions divines, ils
étaient eux-mêmes divinités. C'est dire où peuvent en être les Sakalaves crédules, victimes de
tant de changements qui n'ont jamais laissé debout qu'une chose : les tombeaux. Pour eux,
toute l'idée religieuse s'est concentrée autour des
chefs, des puissants renommés pour leurs victoires
ou leur bonté : ceux-ci sont devenus leurs dieux.

Il est bien entendu qu'on conserve le culte des ancêtres de la famille ; mais c'est un culte domestique qui prend peu de temps et ne nécessite pas de déplacements. On fait sur les tombeaux, ou dans tels endroits désignés, des offrandes en eau-de-vie, lamba ou monnaie ; c'est tout. On réserve le véritable effort, le grand culte, pour les anciens chefs, qu'on appelle *Andrianahary* : « créateur », — ou *Ranahary* ou *Andrianahary an hiboka* : « créateur dans le ciel », — ou *Andrianahary tsy omby hiboka* : « créateurs qui ne peuvent être contenus dans le ciel ». Il y a là une série de termes, de diminutifs, qui révèle une hiérarchie dont on tient compte à l'occasion. C'est du pluralisme.

Au dessus de tous ces créateurs, il y a bien *Zanahary be* — le grand créateur, le seul vrai —; mais en réalité on s'occupe peu de lui. Il est trop loin et les hommes sont si petits ! Toute la série des rois *lolo* fournit un si grand nombre de médiateurs qu'on ne saurait s'étonner qu'il n'y ait plus de place pour lui.

CHAPITRE III

LES DOANY SAKALAVES
ET LE FANOMPOA OU SERVICE

La demeure spéciale du *lolo* des ancêtres, —
en particulier celle des anciens rois — est le
doany, ou tombeau ; probablement la traduction véritable est-elle : maison royale ou palais.
On en trouve plusieurs dans les environs de
Marovoay. Mahabo (1) est le plus célèbre et le
plus peuplé. Betsioka (2) et Androtsy (3) abri-
tent des esprits de seconde valeur. Ambatobe (4)

---

(1) Mahabo à 15 kil. environ de Marovoay, sur la rive
gauche de la Betsiboka.
(2) Betsioka à 120 kilomètres, un peu sur la droite, de la
Betsiboka.
(3) Androtsy à 2 h. 1/2 de Marovoay, au sud.
(4) Ambatobé à 7-8 heures de Majunga, au sud-est.

garde les restes des rois qui précédèrent les Sakalaves. A Mahabiba — Majunga indigène — est
le lieu de rendez-vous annuel de la foule qui
veut obtenir la bénédiction de ses maîtres et de
toutes les fractions de la grande famille royale
dispersée dans des lieux nombreux et éloignés.
C'est là que sont les quatre grandes reliques
saintes ou idoles, objets de culte et d'adoration.

Chaque *doany* est un lieu sacré, confié à la
garde de gens désignés pour leurs antécédents,
ou simplement par les descendants des rois
ou par les *lolo*. Là s'accomplissent des cérémonies qui ont toujours le même caractère et qui
visent au même but : glorifier les ancêtres, obtenir quelques guérisons ou avantages. Aucune
trace, en aucun cas, d'une idée morale un peu
élevée, bien qu'on puisse dire que le *fady* est la
loi religieuse par excellence ; mais celle-ci aussi
ne touche qu'à des questions d'intérêt purement
matériel.

Une première enceinte garde l'approche du
doany ; et, aux jours fastes, on y laisse pénétrer
la foule des gens qui veulent « *servir* ». Une
deuxième haie très serrée défend l'entrée du
terrain qui contient les tombeaux. Ceux-ci sont
à peine distincts. Entourés de grandes toiles qui
figurent des tentes, ils n'offrent au regard rien

qui puisse surprendre. Les offrandes, faites en vaisselle, étoffes, objets d'usage courant, sont entassées sur le sol. Parfois un des tombeaux se trouve abrité par des tôles qui viennent jeter là une note de vulgarité déconcertante ; ou un morceau de bois grossièrement sculpté donne l'idée d'un art naïf qui n'a pas su exprimer la pensée.

Le *doany* de Mahabiba, seul, témoigne de quelques soins. On y retrouve les deux enceintes et, au milieu de la deuxième cour, se dresse une pauvre case en bois sans aspect particulier. Elle s'appelle *Zomba-be*, mais elle contient elle-même une seconde maison, une réduction au tiers environ d'une case sur pilotis. Celle-là est le *Zomba faly* qui a été fait sur le modèle de l'ancienne case royale. Elle est spécialement la demeure des ancêtres : *Andriamisara efa-dahy*, dont on parle comme s'ils étaient vivants.

Les divers *doany* où se font des prières les jours fastes sont spécialement visités, chaque année, dès que la saison sèche est établie ; et de longs tambours — « les *Manandria* » — qui servent pour ce que les *Vazaha* (les Blancs) appellent assez improprement Tam-Tam — et qui représentent, eux aussi, les ancêtres, — sont promenés d'un tombeau à l'autre par une foule qui va grossissant à chaque station, jusqu'à ce qu'enfin on arrive à Mahabiba où se fait le *Fanompoa*.

Ici, il vaut la peine de s'arrêter un peu ; car il s'agit d'une manifestation importante d'un caractère national en même temps que religieux.

Le *Fanompoa* n'est pas autre chose que *le service du roi*. L'accomplir est un devoir et en même temps un honneur ; et, même jusqu'à une date très récente, tout indigène, d'où qu'il fût, devait ce service, — sous forme d'offrande, de travail aux *doany* ou de simple présence. Ceci explique ce fait, qui au premier abord paraît singulier et contradictoire, d'un grand nombre de Merina et de Betsileo qui montrent un zèle digne d'un meilleur emploi pour le « *Fanompoa* ». Comme c'est un prétexte à une grande fête où les gens se rendent en nombre, et par tribus, vêtus des plus brillants lambas et couverts de nombreux bijoux, pour faire des offrandes et des vœux, il faut une longue préparation.

Plusieurs mois d'avance, des émissaires sont envoyés pour recueillir une première contribution destinée à couvrir les frais et pour indiquer l'époque de la grande réunion. Cette époque ne varie guère. C'est au mois sakalave : *Fanjavamitsaka* — ou *Merina Alakarabo* — soit juillet, — qu'elle a lieu. On choisit le moment de la

MAROVOAY

ELLES VONT AU TROMBA, LA FIGURE DÉJA MARQUÉE À LA TERRE BLANCHE.

pleine lune. On retrouve là, mais modifiée, une manière arabe de compter les mois et les jours. Partout on sent aussi que la modification est surtout due aux idées ou coutumes européennes.

Près de deux mois avant les « Grandes Journées » commencent les visites de *doany* à *doany*. Celui de Mahabo contient *la Clé* du *Zomba faly* et les *Manandria* utiles au voyage ; c'est donc par là que débute le pélerinage, l'ordre venant de Mahabiba, siège des esprits supérieurs auxquels les autres doivent obéissance. La foule se réunit alors, fait ses prières et ses vœux, chante, sans se lasser, de monotones refrains, toujours les mêmes, en claquant des mains. Puis, sur un signal d'un esprit ou d'un sorcier, elle se met en route et accompagne « la Clé » (on dit souvent le mot en français) qu'un vieillard garde jalousement jusqu'à la frontière de son territoire. Là, avec des transports de joie, les gens de Betsioka reçoivent les précieux dépôts, et il y a un premier arrêt qui dure jusqu'au moment où l'esprit manifeste le désir de partir. Accompagnés toujours du bruyant cortège, la Clé et les *Manandria* passeront à Androtsy, à Marovoay et Ambatobé et enfin à Mahabiba. Tout le long du voyage, il y aura eu chants, réjouissances, réceptions, manifestation de *Tromba*.

Un grand nombre d'hommes accompagnent la Clé, mais ce sont surtout les femmes que l'on voit, non seulement à cause de leurs toilettes et de leurs curieuses chevelures, mais parce que c'est à elles que le chant incombe et qu'elles doivent demeurer parfois une partie de la nuit aux ordres des esprits. Et ce n'est point pour elles une sinécure ; car, à chaque station, il faut trouver de l'eau pour les *lolo* qui ne sont pas sans exiger qu'elle soit prise et puisée dans des conditions difficiles parfois à réaliser. Ils paraissent redouter, par dessus tout, le silence et la solitude. Souvent ils soumettent leurs serviteurs à des exercices inattendus. Je me souviens avoir vu un jour toute l'assemblée bondir soudain sur pieds, hurler, courir de ci de là, parce que l'esprit avait donné l'ordre de partir immédiatement ; et les porteurs (porteurs des *Manandria*) sautaient de côté et d'autre, avançant, reculant, toujours obéissant à l'esprit. On aurait pu croire qu'ils étaient pris d'un accès de folie. Ils étaient entrancés. Enfin après cette fantasia, devant une vieille pirogue, ayant la forme des pirogues employées il y a un ou deux siècles, un vieillard fit une longue invocation aux ancêtres qui s'apaisèrent et traversèrent la rivière sans autres exigences.

Cette promenade, qui dure six semaines et plus, est une visite de souverain à souverain ; ou plutôt le père va chez son fils, le chef suprême chez ses vassaux qui lui rendront la visite. Elle est aussi une précaution prise contre le mécontentement des esprits royaux à qui on ne rend qu'un culte secondaire et à qui on fait des offrandes diverses, telles que cannes d'ébène à pommeau d'argent orné d'arabesques, bétail sur pieds, ou même monnaie de cuivre ou d'argent. On fait des vœux pour un heureux voyage aux *doany* divers, et naturellement ils sont accompagnés de promesses en rapport avec la fortune de celui qui les fait.

Les cérémonies à Mahabiba finies, avec le même rituel et à peine quelques modifications dans l'itinéraire, — car il faut compter avec les esprits..... et les circonstances — la Clé et les *Manandria* vont reprendre leur place habituelle. Les esprits des *doany* sont informés de ce qui s'est passé, ainsi que la population. Et alors se renouvellent en petit les mêmes scènes de possessions et de sacrifices; car si la foule a été nombreuse à Majunga, beaucoup plus nombreux encore sont ceux qui n'ont pu aller se joindre au groupe de leur tribu, sans parler des anciens esclaves et même des Hova qui tiennent à hon-

neur de participer d'une manière ou d'une autre
au culte sakalave, soit par crainte, soit par superstition, ou tout simplement parce qu'ils sont
complètement sakalavisés, — ce qui est le cas pour
un grand nombre. Un long exil loin de leur pays
les a transformés, en admettant qu'ils eussent
subi, en effet, l'influence chrétienne. Souvent
ils sont nés ici. Parfois on ne les reconnaît plus,
tant la chevelure, les vêtements, le langage
se sont modifiés. Enfin le voyage se termine à
Mahabo où tout rentre dans le silence qui ne
sera plus troublé que par les cas isolés de *Tromba*
— ou par les occasions particulières de prières
telles que maladies, circoncisions, rêves, etc.

MAROVOAY : Pendant le Service des Grands jours

FUITE ÉPERDUE DES ESPRITS DANS LES MANANDRIA COMMANDANT AUX PORTEURS

CHAPITRE IV

———

NY ANDRO LEHIBE

OU « LES GRANDS JOURS »

———

Les cérémonies qui ont eu lieu à Majunga au mois de juillet (*Alakarabo*) sont des cérémonies types. Dans tous les *doany*, elles sont pareilles, mais elles ont moins de faste. Ce sont elles encore dont les différentes phases sont représentées plus ou moins exactement dans les cas de *Tromba*. Il convient donc de les examiner de plus près.

Considérons tout d'abord la maison qui est le centre de ralliement. Elle est située à environ deux kilomètres de Mahabiba, c'est-à-dire assez loin de Majunga.

L'extérieur du *Zomba-be* n'offre aucun intérêt. C'est une maison assez semblable à une

5

grange, couverte en satrana (latanier) ; une ran-
gée de nervures de rafia maintient la toiture en
cas de trop violents coups de vent. L'intérieur,
au contraire, un peu sombre — car l'édifice n'a
que deux portes et une fenêtre — mérite d'être
vu, pourvu qu'on cherche des idées plus que des
curiosités.

Le sol est couvert de nattes ; et la grande pièce
est divisée en lieu réservé et lieu sacré, par une
immense bande de calicot qui sert de rideau.
Dans le lieu réservé ne peuvent entrer que les
femmes de certaines tribus, nous n'y avons pas
vu d'hommes. Dans le lieu sacré se trouve le
Zomba faly, la case sur pilotis, avec un petit
escalier ou échelle. Elle est au coin nord-est du
bâtiment. C'est dans ce lieu sacré que se réunis-
sent tous les descendants des anciens rois, et on
expulse avec quelque vivacité les intrus. Dans
cette partie aussi sont remisées différentes choses considérées, elles aussi, comme sacrées parce
qu'elles ont appartenu aux anciens rois : des cruches, dont la forme dénote quelque maladresse,
de vieilles lances couvertes d'une rouille séculaire,
des armes dont la forme et le poids disent l'anti-
quité. Des courges évidées contiennent de la
graisse; une série de petites coupes ressemblant
assez aux vieux *crésieux* d'Europe ont servi, dit-on,

à brûler de l'encens devant les rois de leur vivant ;
et même on montre des cendres... mais il est
permis de douter. Une sorte de grand lit indien
— un cadre sur lequel sont tendues des cordes —
complète le mobilier qui ne sert guère qu'une
fois par an.

Le *Zomba faly* contient les restes des quatre
grands rois, conservés dans de petites boîtes
d'argent et de bois. Elles ne sont pas visibles en
temps ordinaire, et ce n'est qu'avec des protec-
tions spéciales qu'on peut être admis à l'heure
du BAIN, derrière la grande toile, pour les con-
templer. On est alors promu au rang de prince,
ce que beaucoup de gens désirent et ce que très
peu obtiennent.

Les jours fastes pour les cérémonies sont le
lundi et le vendredi. Un peu avant, et dans l'in-
tervalle entre ces deux jours, on organise la fête,
on cherche les bœufs, on désigne les places. C'est
l'après-midi seulement qui est considéré comme
férié.

L'entrée de la première enceinte — le *Vala-be*
— est relativement facile à l'étranger. La foule,
elle, attend l'autorisation d'entrer. La première
cour franchie, il faut se présenter à la porte du
Vala mena, et là certaines observations sont à
faire. D'abord sur le costume : tout ce qui est

Européen déplaît aux ancêtres, et on cherche
naturellement à éviter leur courroux. On pré-
tend faire déshabiller les gens vêtus de panta-
lons et chaussés de souliers, et c'est ce que doivent faire quelques Hova fort mortifiés de l'aventure. Mais plusieurs d'entre eux ont été pru-
dents ; on les voit revêtir le « *Sikina* » sakalave.
Vers la fin de l'après-midi, on est plus tolérant,
— plus tolérant, dans tous les cas, qu'en certains villages de l'*Ambongo*, qu'il faut ou tra-
verser vêtu du costume national ou éviter.

Dans la cour, tout le tour du *Vala mena* — ou
Rova en Merina — sont attachés des bœufs qui
sont destinés aux sacrifices et qui sont répartis
par tribus. C'est peu à peu que l'ordre de les
tuer est donné. Il part de l'intérieur du *Zomba-
be* ; et un homme de chaque tribu vient à son
tour représenter les siens. On ne peut pas dire
que le Malgache prenne jamais garde de ne pas
tuer un animal avec cruauté ; pourtant ce qu'on
peut voir dans la cour du *Vala mena* est spécialement sauvage et cruel. Avec une lance datant
de longues décades, rouillée, ébréchée, sans tran-
chant, on égorge d'innocents animaux qui souf-
frent mille tortures ; car la peau elle-même ne
réussit à être entamée qu'après de longs efforts.
L'animal, la tête maintenue sur le sol, les cornes

MAROVOAY

LA FOULE A MAROVOAY AU BORD DE LA RIVIÈRE DISANT ADIEU

AUX MANANDRIA ET A LA CLÉ

plantées en terre, a la gorge sciée. C'est un lamentable et répugnant spectacle.

Immédiatement après la mort du bœuf, la lance sacrée est ramenée dans le *Zomba-be* et lavée dans une des nombreuses cruches pleines d'eau. Cette eau a été apportée là par les princesses servantes. Elle est maintenant souillée, rougie du sang resté à la lance, et elle est bue avec avidité par des gens qui espèrent ainsi s'incorporer quelque chose de l'esprit des ancêtres. Ce qui peut en rester est jeté sur la foule qui se précipite au devant du *Tso-drano* en poussant des cris de joie, en se bousculant ; car il s'agit d'avoir une part aussi grande que possible de cette bénédiction.

A l'intérieur, les femmes, dans le lieu réservé, frappent des mains, chantent des refrains monotones, toujours les mêmes : supplications aux esprits de se manifester, de pardonner, de bénir. C'est quand on examine de près le sens des mots qu'on retrouve ces idées-là, mais il est permis d'avoir des doutes sur la compréhension qu'en ont celles qui les chantent ; on peut même les soupçonner d'ignorer le sens primitif de leurs cantilènes.

Derrière l'immense toile, les princes et princesses arrangent le lit. Il prend même l'aspect d'une table. On le recouvre d'une natte ; puis une grande nappe blanche est étendue par dessus. On pourrait croire que l'on va dresser un couvert. Sous le meuble ainsi préparé on place les petites coupes dans lesquelles brûlent l'*emboka*, l'encens sakalave, qui répand une forte odeur âcre et désagréable.

Pendant ce temps, un ancêtre s'est emparé d'un vieillard. Celui-ci avance péniblement, le corps secoué par de violents spasmes. Il monte avec lenteur l'échelle du *Zomba faly*, et son bras droit se met à trembler sans causes apparentes. Cela dure près d'une heure. Enfin il parle en branlant la tête. Personne n'entend rien. Il se baisse sur la porte, soutenu par un acolyte, et il entre en conversation avec *Andriamisara efadahy*. Il lui présente les vœux du peuple, lui demande de consentir à sortir. Pendant qu'il poursuit cette conversation, un deuxième individu entre en trance ; et possédé aussi par l'esprit, il dispute au premier la petite place en haut de l'échelle. Celui-ci veut s'adresser au peuple. C'est un orateur. Il branle la tête d'une manière étrange, par secousses violentes et il parle du nez, comme ayant la bouche pleine d'eau. Par dessus la toile, qu'il abaisse un peu, il lance un discours, compréhensible cette fois et sur lequel

il n'y a pas à se méprendre. Il reproche au peuple
de se laisser entraîner par des habitudes nouvelles, il dit la douleur des ancêtres, recommande de ne se laisser tromper par personne,
puis il s'arrête et se met à pleurer à chaudes
larmes.

Une femme, cette fois, veut s'approcher de
l'échelle ; d'où, discussion entre les esprits. Ils
semblent s'entendre ; un mot circule : « la clé,
la clé » — le mot est tantôt dit en français, tantôt
en malgache. — Enfin ! on ouvre la porte du
Zomba faly. Au pied de la petite case tous les
princes se rangent ; une cruche de terre, pleine
de cette eau dans laquelle on a lavé la lance
sacrée, est remise au vieillard possédé, qui asperge avec générosité tous ceux qui viennent se
présenter; il jette même l'eau au loin. C'est la bénédiction d'Andriamisara à toute sa descendance.

Cette première ablution terminée, quatre individus qui ont été désignés par les ancêtres, c'est-
à-dire qui, une fois ou l'autre, ou très souvent,
ont passé par le *Tromba*, se revêtent de grandes
chemises rouges et de bonnets pointus de laine
rouge (le rouge est la couleur royale). Le peuple est averti que l'ancêtre s'approche, le bruit
rythmé des claquements de mains redouble,
on chante plus fort, les tambours battent, un

homme frappe du triangle, on agite une sorte
de tambourin indigène, le *Kahiamba*, on
sonne de la grande corne de mer, on tire des
coups de fusil à l'extérieur. Toute la famille
royale se réunit autour de la table, on intercepte
absolument la lumière, et seul un homme de
haute taille peut voir ce qui se passe sur la table.

Les hommes rouges y déposent successivement
quatre petites boîtes qu'ils ont portées sur leurs
épaules, comme si elles étaient invraisemblable-
ment lourdes ; et ils franchissent avec une lenteur calculée le court espace, quelques mètres,
qui sépare la case de la table. Les princes s'incli-
nent, s'agenouillent, dansent en se tordant en de
longs mouvements onduleux et en élevant les
mains ; ils lancent les formes diverses de salutations.

C'est à ce moment qu'arrive le représentant
du gouvernement français présent officiellement,
puisqu'attendu. Il ne demeure là que quelques
minutes, et il est assez curieux de constater avec
quelle satisfaction tout le monde reçoit cet envoyé ; il accomplit, sans s'en douter, et aux yeux
des indigènes présents, un acte de vassalité.

Alors seulement on baigne les idoles ; chacune
d'elles représente une sorte d'encrier à trois ou
quatre compartiments, auquel on aurait ajouté,

à chaque extrémité, une longue queue par laquelle on puisse le saisir. Chaque subdivision est ornée de nombreux rangs de perles de diverses couleurs, et c'est à l'intérieur que se trouvent les dents, les cheveux, les ongles des ancêtres. On les lave abondamment, ces idoles, avec soin, avec tendresse, en se servant d'un chiffon qu'on trempe dans une mixture composée d'eau, de miel, d'huile de ricin, d'extrait d'une herbe odorante qui provient de la forêt. L'opération se poursuit dans le bruit. Et, tandis qu'on prodigue aux ancêtres force de ces expressions respectueuses qu'on entend encore aujourd'hui, et en s'accompagnant d'une mimique qui pourrait faire croire à leur présence réelle, d'anciens esclaves agitent, sans se lasser, des éventails qu'on retrouve dans toutes les cérémonies de ce genre — même aux enterrements — comme s'il s'agissait de chasser des mouches importunes.

Au dedans et au dehors on accueille l'ancêtre, on l'acclame, on le reconduit. On a l'impression d'assister à une réception assez semblable à ce que devaient être les réceptions de ces roitelets d'autrefois ; et involontairement on pense au *bain* de la reine à Tananarive, d'autant plus que bien des détails le rappellent. Dès qu'ils sont rentrés au *Zomba-faly*, toujours avec le même cérémo-

nial, il semble qu'on n'ait plus à se préoccuper
d'eux, et les princes se précipitent à la curée.
Ils veulent, eux aussi, participer à la baignade.
L'eau est devenue malpropre, mais en même
temps sacrée, et chacun en veut ; on en boit, on
en passe sur sa figure, on s'essuie les mains dans
les cheveux des voisins, et c'est là une marque
ultime d'affection ou de respect. Même un habile
réussit à canaliser ce qui a été versé sur la natte,
et il en remplit une petite bouteille. Derrière le
voile, on chante toujours, mais plus doucement.
Seuls, quelques possédés viennent pleurer et parler d'une manière incompréhensible.

Au dehors la scène n'a pas changé. Un groupe
de deux cent cinquante femmes environ est
accroupi : c'est celui qui, pour une raison occa-
sionnelle ou à cause du rang de celles qui le forment, ne peut entrer dans le *Zomba-be*. On va,
on vient autour des bœufs égorgés dont la tête
est presque séparée du tronc et qui offrent un
triste spectacle, d'autant plus étrange que,
sous de magnifiques tamarins, se presse une
foule élégante et parée de toutes les couleurs de
l'arc-en-ciel. Ceux qui vont partir et qui n'ont pu
entrer vont s'agenouiller auprès du mur et se
frappent le front contre terre en levant leurs deux
mains par dessus la tête et en prononçant leurs

vœux. Puis, tout d'un coup, grande clameur. Les femmes fuient et des bandes d'hommes se répandent dans le *Vala mena* ; ils viennent pour le partage de la viande. Il n'y a d'ailleurs pas partage à proprement parler, mais simulacre de dispute, avec cris, discussions qui pourraient devenir dangereuses surtout avec des gens ivres, armés de grands couteaux, et alors qu'une longue attente les a excités.

Chacun se sauve avec son morceau ; car on pourrait le lui arracher, ce qui est autorisé par la tradition. Aussi le *Vala mena* est-il bientôt vidé. Il est nuit, et chacun court hâtivement du côté de sa demeure.

Le vendredi qui suit le bain est spécialement consacré à la réjouissance. Car c'est à ce moment-là que se payent les vœux, que se racontent les guérisons, qu'on peut obtenir qu'*Andriamisara efa-dahy*, toujours porté par les quatre individus vêtus et coiffés de rouge, soit exposé au public, fasse un tour dans la cour. Alors on se précipite à leur suite, on s'agenouille sur leur passage, on chante, on crie, on hurle, on ne se possède plus. C'est du délire.

Une somme de près de 800 piastres (4.000 fr.) a été versée pour vœux divers cette année (1). Les

(1) 1910.

offrandes sont collectives ou individuelles. Elles peuvent être la conséquence de vœux faits à tout autre *doany*, car ils ne sont habités que par les esprits enfants ou vassaux. Sur ces offrandes, on prend une part pour indemniser les gardiens, faire quelque cadeau aux sorciers, aux personnages que l'on a pris l'habitude de désigner, en français, de ce nom qui ne leur convient pas exactement. Mais, en général la plus grande partie est laissée à la disposition des *lolo* qui savent la répartir avec beaucoup d'intelligence et d'à-propos.

Dès le lendemain, c'est la dispersion ; on accompagne la Clé et les *Manandria*. Comme on a «ouvert le temps du grand service» on le «ferme». On recommencera dans neuf ou dix mois ; et, pendant ce temps, il n'y aura plus que les manifestations particulières, rappelant de plus ou moins loin ce qui vient de se passer et se rapportant tantôt à l'un, tantôt à l'autre des rois de la lignée sakalave ou hova. Ce sont elles qui ont reçu le nom général de *Tromba*.

MAHABIBA : Le Zomba-be

La première enceinte est le Vala-be ;
la porte est faite d'une série de roseaux suspendus ;
La deuxième enceinte, qui se répare avec soin et d'après certains rites
est le Vala-mena

CHAPITRE V

LE TROMBA

QUELQUES NOTES [1]

Avril 1903. Tsiarifarano, Imerina. — « ... En entrant dans le village un bruit sourd et bizarre frappe mes oreilles. A mes questions des enfants répondent : « C'est une vieille femme qui danse. » Intrigué, je vais à la case d'où part le bruit et je trouve là deux enfants qui tapent une peau tendue sur le col d'une cruche cassée. La case, complètement vide, est parfaitement ba-layée, et une vieille, maigre, décharnée, danse ;

---

(1) Comme nous tenons à fournir ici plus de documents que de théories, nous reproduisons purement et simplement dans ce chapitre les observations que nous avons pu faire, et nous les donnons dans les termes mêmes où nous les avons notées à chacune des dates indiquées.

en réalité elle marche sur place et se tortille de temps en temps. Elle est hideuse. J'essaye de lui parler, et je n'en tire qu'un sourire effrayant, découvrant ses gencives édentées. Elle danse depuis deux jours, dit-on. Elle a la fièvre, et je ne puis obtenir de personne aucune espèce de renseignement. A ma rentrée chez moi, on me signale deux cas pareils à Mahabo. S'agit-il du *Ramanenjana* ? Il faudra chercher. »

26 août 1904. Marovoay, Boina. — « A plusieurs reprises j'ai vu, en route, des sortes de tentes dans lesquelles on chantait en claquant des mains. On paraissait se réjouir. On me dit que j'ai vu le *Tromba*. J'essaye de me faire expliquer de quoi il s'agit, mais toutes les données sont confuses. On m'a montré une femme : hier, elle a été frappée par le *Tromba*. Elle a parlé tout d'un coup, informant la famille qu'elle allait au village voisin, etc. Son discours fini, elle a demandé ce qu'elle venait de dire. On le lui a répété ; alors elle a préparé son départ. « L'es- « prit a parlé, il faut obéir. » Mon interlocuteur ne voit là qu'une supercherie de femme rusée. Pour avoir ses idées sur le sujet, je le prie de me les résumer par écrit. Je l'ai là, ce travail, mais incompréhensible parce qu'incomplet et hérissé de termes inconnus. Cependant il montre déjà que le *Tromba* est autre chose qu'une imposture ; on pourrait croire que c'est *un remède et une maladie*. Il y a une étude à faire. »

Juillet-août 1905. Le Boina. — « Ici et là, j'ai revu les tentes du *Tromba*. J'ai voulu m'approcher. Parfois j'ai pu entendre les chants ; mais on se méfie de moi ; à mes questions on répond : « Nous nous amusions » ou « Nous sommes « heureux parce qu'un malade est guéri. » Le plus souvent, à mon approche, on se sauve, et je ne puis rien savoir. Malgré mes efforts, je ne suis donc pas beaucoup plus avancé. Je sais qu'il y a des tentes dans lesquelles il se passe quelque chose ; mais on ne peut, on ne veut me donner aucun renseignement sur les phénomènes étranges que les conversations font supposer. J'ai vu qu'on se met du blanc sur le nez et sous le lobe des oreilles. Je vois surtout qu'il y a antagonisme entre ceux du *Tromba* et les autres. On me dit que *Tromba* veut dire, créateur, roi, ancêtre, esprit. Décidément j'avance lentement. Serait-ce que je suis mal accompagné ? En effet mon guide hova manifeste du mécontentement. On le fuit. Il ne sait guère que réprimander, et moi qui voudrais comprendre ! En outre, je manque de temps. Quand pourrai-je reprendre le sujet ? »

Juin 1907. Ankaboka, Boina. — « J'ai vu les *Doany* sacrés de Mahabo, les dons offerts aux morts. J'ai vu comment les sectateurs d'Andriamisara prient à deux genoux en se frappant le front contre terre. Surtout je viens de voir le *Tromba*. Il faisait nuit depuis longtemps et j'avais perdu le sentier ; mais des chants tristes et monotones m'ont remis sur la voie, et j'arrive en face de la case où se fait l'étrange concert. J'interroge un homme : « Ce n'est rien. D*** a son démon, « comme elle a son démon tous les mois. » J'entre dans la case. Des quinquets fumeux éclairent l'assemblée. Une jeune femme, à l'air souffrant, est étendue sur une natte, tandis qu'une cinquantaine de ses compagnes psalmodient une mélopée sauvage bien qu'harmonieuse, en s'accompagnant de claquements rythmés des mains. La malade souffre ; en apparence personne ne s'en préoccupe, sauf pour faire brûler devant elle un peu d'encens qui remplit la case de fumée. J'essaye une question ; la réponse est pour le moins bizarre : « C'est le service. » J'en sais autant qu'avant. Je prends sur moi de congédier tout ce monde et je reste seul avec la malade et son

MAHABIBA

LE VALA MENY DE MAJUNGA-MAHABIBA
Les femmes « servent » en attendant de pouvoir entrer

mari. J'interroge de nouveau. La malade a son *Tromba*. Quand le *Tromba* est là, elle tremble, elle souffre. C'est un ancêtre qui la visite et c'est pourquoi il faut « *servir* ». Cependant, cette fois-ci, l'ancêtre est plus exigeant que d'ordinaire. On l'appelle aussi *Zanahary*. D*** souffre spécialement, elle se sent épuisée. Je crois bien: la malade a le pouls à 125, les lèvres brûlées, une température élevée ; elle est en plein accès de fièvre, et c'est la fièvre dite hématurique... J'essaye de donner quelques indications qu'on se hâte d'accomplir, et je sors. Je trouve là mon interlocuteur du début : « Tu as vu, elle « a son démon. » Celui-là, il a dû lire l'Evangile, et il n'en a retenu qu'une chose : « Un démon la tourmente. » Pour moi je suis perplexe.... »

Juillet 1907. Marovoay. — « Les fêtes d' « Andriamisara efa-dahy » ont eu lieu. J'ai été à diverses reprises voir ce qui se passait. Dans une petite case bien propre on a mis deux tambours très longs. On les appelle *Manandria*. Ils viennent de Mahabo. Tous les jours et tout le jour, les femmes chantent leurs mélopées. Elles ne se lassent pas. De temps en temps un cri : « Ah ! elle est frappée du *Tromba*. » Alors on voit une femme qui se lève, les yeux vagues,

6

grimaçante ; elle se dandine sur un pied, puis
sur l'autre, en se soutenant sur un long bâton
dont l'extrémité est munie de petites clochettes.
J'ai voulu photographier, mais ces femmes
connaissent l'appareil. Avec un à-propos étqn-
nant, elles ont tourné la tête, et avec un tel
ensemble que le mouvement semblait concerté.
On parle des tambours et beaucoup de « la Clé ».
J'ai fait demander le gardien chef ; il m'a fait
des réponses entortillées. Evidemment il veut
passer pour un oracle : « On marche sur l'ordre
« des esprits, et les esprits sont dans les tambours.
« Ils commandent et on part. Les rois sakalaves
« sont de lignée divine, parce que le premier, le
« grand roi, Andriamisara, est tombé du ciel ; et
« il y est retourné sans mourir. La preuve, c'est
« qu'on ignore où est son tombeau. » Seulement
tout cela sent l'histoire apprêtée, car à Mahabiba il y a les ongles et les cheveux du dit Andriamisara. Alors... Le mieux, je crois, est de
penser qu'ils ne comprennent pas grand' chose
à ce qu'ils font. Ils obéissent servilement à une
tradition, sans souci de savoir le passé, ou de
donner un sens précis à leurs actes.

« Après huit jours, toute la foule est partie
dans une course insensée, toujours sur l'ordre
des esprits dans les tambours ; les esclaves,

chargés d'éventer les tambours de crainte des mouches, comme on évente les grands ou les cadavres, avaient fort à faire. Ils bondissaient d'une manière désespérée. La scène était du plus haut comique et pourtant profondément triste. »

Septembi : 1907. Au bord de la Mahavavy du nord. — « Il était quatre heures et je m'étonnais de voir un si grand village si complètement vide. Pourtant, après un instant, j'entends des chants. J'avance un peu, et j'aperçois une tente de *Tromba*. Mon arrivée ne trouble personne, je puis regarder. Toute la population est là, elle chante et frappe des mains. Elle entoure deux femmes pâles et souffrantes. Ces dernières, assises sur une caisse, sont habillées de rouge et portent UN COSTUME D'HOMME. Le fait m'étonne. Elles font face à une sorte de grand autel sur lequel sont installées trente ou quarante bouteilles de *Toaka* — de l'hydromel — et trois assiettes blanches, contenant de l'eau, de la terre blanche, quelques pièces d'argent et quatre pièces d'or (80 fr.). Les deux femmes sont malades depuis longtemps. A entendre la description de leurs malaises, à les voir, il est facile de diagnostiquer le paludisme chronique. Tandis que nous les observons avec sympathie, un cri stri-

dent se fait entendre, un long huhulement per-
çant et tremblé ; et, rapidement, une bande de
femmes se serrent autour d'une des leurs qui,
en hurlant, soufflant, et à grands gestes, rejette
tous ses vêtements. Elle se laisse revêtir, sans
protester, de nouveaux lamba qui semblent avoir
été déposés là pour elle. On ne s'occupe pas des
malades, dont la physionomie est devenue plus
douloureuse encore. *Je remarque surtout une
femme dont je ne comprends pas le rôle.* Elle va,
elle vient, on lui obéit, elle se dandine sur un
long bâton orné d'*ody* divers et percé par le
haut. On pourrait la croire entrancée, mais j'ai
des doutes ; elle parle aux malades, leur fait
des caresses d'une familiarité excessive..... On
nous dit que cela doit durer très longtemps, une
partie de la nuit... Le soleil est près de se cou-
cher, il faut partir. Je note : l'autel est au nord-
est, les malades regardent vers le nord, inquiè-
tes. »

Mai 1909. Antsatramira, Boina. — « Des cris
sauvages m'ont attiré : je croyais qu'on excitait
des bœufs dans une case. Non ! Une trentaine
d'hommes et de femmes excitaient (« chauffaient le
travail ») deux jeunes hommes. Entrancés,
ceux-ci se dandinent devant une sorte d'autel

MAHABIBA

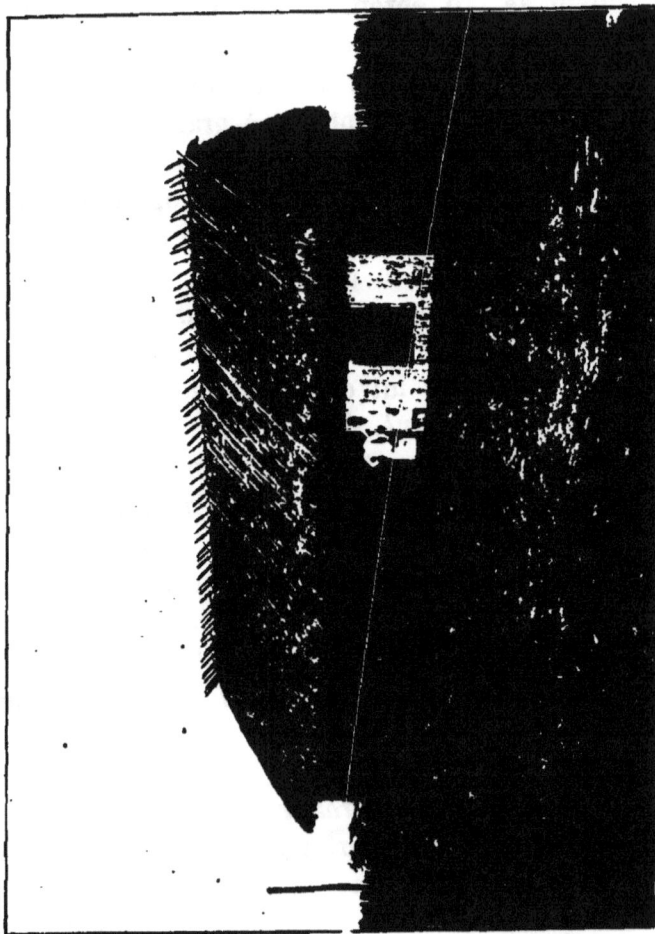

LE ZOMBA—OU UN JOUR FADY
Seuls les gardiens sont présents

au nord-est de la case. Ils parlent par mono-
syllabes, et on leur répond sur un ton très respectueux, ils ont l'air absents, hébétés. Dans des
coupes, de l'encens, *emboka*, est éteint. J'arrête le tapage. Je saisis un des malades, sans
que l'autre cesse de se dandiner en articulant de
vagues sons. La main est moite et froide, le
pouls est faible, les traits du visage sont tirés. La
fièvre existe dans cet organisme déjà depuis
longtemps. Le malade est insensible, je le remue
sans qu'il y prenne garde. Décidé à voir la fin
de la scène, je m'assieds sur le seuil, et les hur-
lements recommencent. On claque des mains, on
tape sur des pièces de bois qui servent de tambour. Les jeunes hommes continuent de se dandiner, les mouvements s'accusent, les spectateurs redoublent de zèle, les malades parlent un
peu à la façon des ivrognes. Tout d'un coup
l'un d'eux se jette en arrière, il tombe comme
une masse, mais sa chute est amortie par un
des assistants qui a l'air de l'avoir prévue. Je
me demande même s'il ne l'a pas provoquée. Peu
après, scène identique : le deuxième jeune homme tombe en arrière. L'un et l'autre des malades
reviennent rapidement à un état naturel. J'évite
de faire des questions. On se disperse. On voit
que la cérémonie est, pour cette fois, finie. »

Juin 1909. — « Le lundi me paraît être un jour favorable au *Tromba* ; et il semble que le *Tromba* se contente d'une musique bien inférieure ; car c'est sur de vieux bidons de pétrole qu'on frappait ce matin. Il est vrai qu'il s'agissait d'un *Tromba* à l'usage de pauvres gens. Devant un autel sommaire, une assiette, avec de la terre blanche et quelque menue monnaie dans de l'eau, un morceau de *miroir*, quelques chiffons rouges, une bouteille contenant du miel. Une misérable femme est assise, attendant la manifestation du *Zanahary*. Son costume mérite attention : elle porte sur la tête une couronne de feuilles. A ses oreilles, à son cou, sont suspendus des colliers de verroterie ; sur ses lamba rouges sont des ornements de papier doré ; elle a un *sikina* d'homme autour des reins. Profitant de ce qu'elle est encore dans son bon sens, j'essaye de questionner la pauvre femme. Elle est malade de la poitrine, elle s'en va ; et elle a plusieurs petits enfants. Elle a essayé des remèdes des blancs, mais en vain, et ils coûtent si cher. En parlant, elle étend ses mains décharnées, elle arrache sa lamentable parure, efface les traces de terre blanche sur sa figure. Elle a donc un *lolo*, un *Zanahary*, un ancêtre, est-ce qu'elle sait ? Elle n'était pas malade autrefois, le cas est donc

clair ! J'essaye d'obtenir quelques explications :
Pourquoi cette eau, cette terre ? Pourquoi le
déguisement ? Pourquoi le bruit ? Au fond elle
ne sait rien, elle est confuse. « C'est l'habitude,
« c'est comme cela qu'il faut faire, il y a des gens
« qui guérissent. » Et fiévreusement, avec des
gestes brusques, elle démolit l'autel, elle appelle
son dernier-né, elle veut du silence maintenant..... Je suis ému devant cette douleur, et je
vois bien qu'elle mourra bientôt, cette femme : les
phtisiques n'en ont pas pour longtemps sous ce
climat peu généreux, et elle est sans espoir..... »

Août 1909. Sambirano. — « A passer loin
des routes battues, on a souvent des surprises.
J'ai pu assister à un *Joro-Velona.* Sur la
place du village, la population est assemblée,
silencieuse, presqu'émue. Elle regarde un bœuf
qu'on vient d'écorcher, elle écoute l'interminable
ble litanie que font deux vieillards à un autre
bovidé. L'un des deux hommes tient la queue
de l'animal, il la tient à deux mains, et il lui
adresse un discours embrouillé où tous les noms
des ancêtres trouvent place. A la fin il perd la
mémoire, il tend la queue du bœuf à son con-
frère: « Reçois-la; moi, je ne sais plus »; et l'autre continue. Tandis que se passe cette scène,

• une autre se déroule un peu plus loin. Il se fait une bénédiction. D'une case de bois on jette de l'eau. Au lieu de fuir, chacun se précipite en avant. C'est, en effet, l'eau qui a servi à laver le malade en vue de qui est fait le *Joro-Velona* ; elle est devenue sacrée, et en recevoir une goutte équivaut à prendre un remède préventif. C'est un enfant qui est malade, il se plaint de la tête, de la nuque, tous les os lui font mal... Un *Zanahary* habite en lui et il faut obtenir qu'il sorte......................

....

.... J'ai fait une visite à Ts***, le roitelet de la région. Il venait d'arriver, et je me suis trouvé chez lui en même temps que les femmes et tout le peuple qui venaient le saluer. Une chose me frappe : la similitude complète qu'il y a entre la cérémonie du *Tromba* et celle de la salutation. C'est même si frappant qu'on pourrait prendre l'une pour l'autre: même genre de chants, mêmes claquements de mains, on brûle de l'encens, on fait des génuflexions, on vient même appuyer le front sur les pieds du roi, en adressant des prières et des louanges, car il siège sur une sorte de lit d'honneur ; même cette dernière coutume est mise en pratique dans les cas de *Tromba*. Ici Ts*** remplace le malade ! Significatif ! »

Août 1909. Ampasimena. — « ...Dans la cour de la maison royale de B*** sont assemblés des hommes, des femmes. Déjà cela dure depuis deux jours, personne ne semble fatigué de chanter ; on se relaie. Il s'agit d'obtenir du *Zanahary* une manifestation en faveur d'une jeune femme qui est désespérée de ne pas avoir d'enfant. Elle est assise en face de l'autel, vraie statue de la douleur et du découragement. Sa patience semble sans borne. De temps en temps, un huhulement dit qu'un esprit secondaire passe. On s'attend à quelque chose ; car les lamba de rechange sont là. Je remarque que la maîtresse des cérémonies est la même que celle que j'ai vue au bord de la Mahavavy : elle se dandine sur son bâton en soupirant et en marmottant des choses incompréhensibles. Elle compte l'argent dans l'assiette, elle met du blanc sur le nez de quelques personnes. C'est une professionnelle..... L'esprit ne s'est pas manifesté et la jeune femme n'aura pas d'enfant... On me dit que B*** a un *Tromba* mensuel ! Serait-ce le signe distinctif des princesses ? »

Septembre 1909. Ankingabe. — « ...Je n'y suis pas allé. J'en éprouve trop de tristesse, mais évidemment c'était une fête. Les toilettes les

plus riches ont été étalées, tandis qu'on se cou-
vrait de bijoux. C'était un rutilement de soie et
d'or. Cela a duré trois jours et doit recommencer
la semaine prochaine... C'est un grand *Zanahary*,
paraît-il... »

Janvier 1910. Marovoay. — « C'est bien en
vain qu'on voudrait défendre le *Tromba*. Le défendre du reste est une erreur. Je viens de le
voir en ville dans une grande cérémonie. Je suis
arrivé alors qu'une foule entourait un possédé.
Il se balançait en faisant des grimaces avec
son nez et sa bouche et en soufflant curieuse-
ment. On aurait pu croire un chat en colère. Evidemment, à le regarder, on éprouve une certaine
gêne. Il est soutenu par un individu qui obéit
à tous ses gestes. Tout d'un coup le possédé
en veut à ma personne. Il s'avance sur moi et
s'étonne de ne me voir pas plus remuer que s'il
n'était pas là. Il sort de la case ; j'en profite
pour y entrer. On en a fait un *doany* en deux
parties. Auprès de la toile qui simule une tente,
il y a une chaise dont je m'empare, cela pour
la plus grande stupeur du public ; c'est la chaise
de l'esprit qui se promène autour de la case.
Celui-ci rentre et vient me souffler dans la figure. Il veut sa chaise sans doute, mais cette

fois-ci j'entends la garder ; du reste je n'ai pas
encore ouï dire que les esprits s'asseoient. Je
prends la main de mon homme, elle est moite
et fraîche, le pouls est normal, les yeux à peine
vagues quoique le regard soit fixe. J'entreprends
de faire asseoir le possédé sur la natte. J'or-
donne : Assieds-toi ! il se trémousse un peu. Je
répète l'injonction sans autre résultat que de
voir souffler le chat. Alors, sur un ton qui n'ad-
met plus de réplique : « Assieds-toi ! » Do-
cilement le possédé obéit, il reprend un air naturel, il se frotte les yeux avec force. Après quelques explications, je me retire... Dans la rue le
possédé me rejoint et me fait observer que j'ai
des vêtements européens ce qui offense Andriamisara..... »

Avril 1910.— « Il y a un petit *Tromba* domestique. Je suis entré chez Ra*** et j'ai été bien
surpris de trouver la famille en train de « ser-
« vir ». Le *Tromba*, cette fois, s'était emparé de
la femme, et elle avait dressé l'autel, une minia-
ture d'autel ; du miel dans une bouteille, l'assiette avec la terre et l'argent étaient là, et Ra***
était assise regardant fixement dans le miroir
rayé de blanc. Elle est certainement aussi surprise que moi ; elle ne s'attendait pas à me voir.

Elle s'excuse, elle est malade de la fièvre, les remèdes des Vazaha n'y ont rien fait, alors, « *comme on sait bien qu'il faut suivre la reli-* « *gion des gens du pays où l'on habite* », elle s'est mise à servir — et sa famille à boire suivant l'habitude. — Ra*** est hova et le *Tromba* l'a prise comme tant de ses compatriotes. J'essaie quelques explications ; mais on a déjà beaucoup bu dans l'après-midi et les hommes n'ont plus toute leur raison. Donc je me retire, pour être bientôt suivi par la femme qui me couvre d'injures au nom du *Tromba* : Je veux donc la faire mourir que je trouble ainsi le *Zanahary* ? Elle va souffrir plus que jamais et c'est moi qui suis responsable..... *Tromba* et alcoolisme sont deux choses qui me paraissent se rencontrer assez souvent. »

Juillet 1910. Madirovalo. — « ...En face de chez moi, il y a circoncision, et les événements promettent d'être corsés. On a introduit dans la case une provision d'alcool suffisante pour enivrer une bonne partie de la population. Dans les coins on parle bas ; il y aura invocation des ancêtres, *Tromba*. C'est samedi, on a déjà bu passablement ; mais c'est surtout dans la nuit de dimanche que doivent se manifester les esprits.

MAHABIBA : Dans l'intérieur du Vala-Mena

LES FEMMES A L'INTÉRIEUR DU VALA-MENA SERVENT
L'individu debout est un « fondy » (il fut même gouverneur)
On aperçoit un des bœufs sacrifiés

La journée du dimanche est passée à monter
une case pour les invités, on boit, on rit ; déjà des
femmes chantent, claquent des mains ; on essaie
de faire danser des enfants. Une femme s'en
mêle. On pourrait croire qu'il s'agit d'un simple
jeu, elle est un peu confuse. En réalité il s'agit
d'essayer le tempérament, de provoquer la crise
dans laquelle l'esprit, les esprits se manifesteront.
Tour à tour on chante hova et sakalave ; mais,
dans cette case, il n'y a pas un Sakalave, pas un
Makoa, *pas un* ! La nuit passe. A deux heures
du matin, scandale. On se bat, sans du reste que
s'interrompent les chants et les femmes entran-
cées. Je sépare les combattants, poignant spectacle sous la lueur rouge d'une torche d'herbe.
Les femmes, toutes occupées à leur affaire, ne
semblent pas voir que les hommes sont ivres.
On sort en cortège pour aller chercher l'eau nécessaire à la cérémonie qui doit avoir lieu au
lever du soleil. Un sorcier, plusieurs hommes
excitent les femmes qui, certes, n'ont plus besoin de cela ; elles sont plusieurs déjà qui gesticulent étrangement, tandis que les hommes
invoquent les ancêtres qui parlent par elles. Autour de la case, c'est un vrai sabbat, une sara-
bande affolante, une ronde d'insensés en fureur
qui frappent à tour de bras sur les murs de la

case, à l'intérieur ; c'est dix, quinze, vingt femmes qui sont prises par le délire ; il ne reste presque plus personne pour chanter, les hommes
hurlent ; les femmes, presqu'entièrement dévê-
tues, bondissent d'une manière invraisemblable,
se bousculant les unes les autres, les bras en
l'air, poussant des cris qui n'ont plus de nom.
Elles ont complètement perdu tout contrôle sur
elles-mêmes, et cette folie dure jusqu'au lever du
soleil et pendant l'opération de la circoncision (1).
Inutile de vouloir les arrêter, elles sont dominées
par leurs nerfs et déployent une force extraordinaire. Il y a là des femmes que j'ai vues saines
de raison ; elles ne me reconnaissent plus, elles
sont toutes à leur étrange exercice, les esprits
des ancêtres se sont emparés d'elles. *La contagion* est un fait ; il y a des femmes là qui auraient voulu échapper et elles ont dû se joindre
à leurs compagnes.

« Un fait m'a frappé dans ce cas, comme dans
plusieurs autres. A un moment donné, que rien
ne fait prévoir, la scène cesse brusquement,
sans transition ; et ces femmes qui, il y a un instant, avaient tout oublié, redeviennent modestes

_____

(1) J'ai su depuis que l'opération faite dans ces conditions
a eu de déplorables suites ; l'un des enfants a failli mourir
et restera infirme.

d'apparence et aussi paisibles que si rien d'extraordinaire ne s'était passé ; elles fuient même en ramassant à la hâte quelque vêtement, prises soudain d'une honte qu'on serait en droit de trouver étrange, si on ne les croyait en effet, lorsqu'elles obéissent au *Tromba*, sous une influence qu'elles ne peuvent fuir. »

Août 1910. Ambato, Boina. — « ...Le soleil commence à mordre moins fort ; je me promène de long en large, échangeant quelques propos avec les passants jamais pressés. Voici venir un milicien ! Il est bien bossu de tous les côtés ! C'est étrange pour un militaire ! Ah ! c'est que dans ses poches, vrais sacs, sous ses bras et jusque dans son dos, il y a des bouteilles de « Taureau (1) ». Il y a fête chez lui, dit-il sans s'arrêter ! Je le laisse passer et j'emboîte le pas. Certainement il y a anguille sous roche, allons voir ! A peine quelques minutes de marche et nous voici auprès d'une case où l'on chante. J'y suis !

---

(1) Nom donné à un gros vin qui, après coupage, est vendu aux indigènes. J'ai vu aussi vendre sous le même nom un mélange fait avec un verre de vin par litre, une dose d'alcool et de l'eau ayant passé sur de l'écorce de palétuvier ; le mélange qui revenait à 0.22 par litre, était vendu 0.80 et servait de payement, en partie du moins. Le traitant, pour s'excuser, disait : « Ils aiment mieux cela. »

Il s'agit d'un cas de *Tromba*. J'entre. Une grosse
mégère a la prétention de me faire boire une
mixture composée d'eau, de miel et de terre blanche dans laquelle elle a longuement promené ses
doigts graisseux. Mon regard la cloue sur place.
Je ne désire pas parler, mais voir et entendre.
Mon silence fait que je suis vite oublié.

« Au milieu de la case est une femme habil-
lée à la façon des hommes sakalaves, elle porte
un chapeau, — un chapeau d'homme, les femmes
n'en portent jamais. Tout autour d'elle, une
troupe de chanteurs s'égosillent à qui mieux
mieux en claquant des mains. Un grand individu presque nu excite de la voix et du geste
ceux qui sont tentés de se reposer, et le « Taureau »
est versé à grandes rasades. La grosse mégère se
promène toujours avec son bol à la main. Elle
fait boire les passants : rares sont ceux qui osent
refuser. La malade, indifférente à tout, me regarde d'un œil vague. En face d'elle est une
femme qui se dandine et pousse parfois des cris
sauvages en s'approchant du visage de la pa-
tiente. Elle la force à regarder dans un miroir
sur lequel on a tracé des raies blanches ; puis
elle fait quelques passes de la main droite en
tenant le miroir de la main gauche, et la malade,
vaincue, incline la tête en grimaçant, les lèvres

INTÉRIEUR DU ZOMBA-BE

Quelques femmes servent devant le Zomba faly

(Dessin fait par un indigène)

tombantes. Elle dort. La femme au miroir pousse
un grand cri et chacun l'imite : l'esprit est là, il
va parler.

« La malade commence à danser sur son
séant sans le moindre souci de la pudeur ; elle
tourne en frappant des pieds, elle étend les bras
en faisant de grands gestes, en accord du reste
avec les battements de mains et tout le tinta-
marre rythmé qu'on fait autour d'elle. Elle n'a
plus conscience de rien. A ce moment, de plusieurs
côtés on crie : « *elle veut écrire, elle veut écrire !* » — On
lui donne un crayon — et elle fait le geste d'écrire
dans l'espace, d'une manière très lente. Les assistants se mettent à invoquer le *Zanahary* ; ils
veulent savoir son nom, on le supplie d'abandon-
ner la malade, on le remercie de tant d'honneur.
La femme au miroir intervient de nouveau, donne à
boire à la malade l'eau de l'assiette et lui fait de
grandes raies blanches du coin des lèvres jusqu'aux
oreilles. Celle-ci se met à parler, et l'individu qui
excite les chanteurs répond ; il s'établit une sorte
de conversation entre l'esprit et les gens, par son
moyen. On demande des remèdes, des indications de jours, des nouvelles de parents, etc.

« Pendant tout ce manège, quelques femmes, au
dehors, ont préparé une tente, et elles viennent
avertir que *le Bain* est prêt. On cherche aussi

7

des lamba auxquels on a l'air de tenir spécialement. D'un signe la femme au miroir dit qu'il faut attendre. Tout d'un coup la malade grimace plus douloureusement, elle pleure à grosses larmes et danse toujours en frappant alternativement des pieds ; elle vire sur sa caisse tantôt dans un sens, tantôt dans l'autre. Ses mouvements deviennent brusques, elle se frappe la tête, commence à s'arracher les cheveux. C'est une lutte entre la femme au miroir et elle. L'émotion est grande parmi les assistants ; plusieurs pleurent. Il y a des salutations ; elles vont d'un esprit à l'autre. Les *Tromba* sont là, ils agissent sur les assistants, ils en ont fait leurs choses.

« A ce moment, n'y tenant plus, j'empoigne par un bras l'excitateur, et je vais le placer à quelques mètres hors de la case dans laquelle tout d'un coup se fait un silence de plomb. On entend les gens respirer. La malade ne se réveille pas, ses bras tombent le long du corps, sa tête se baisse très bas, comme si la nuque ne pouvait la porter. Je prends le bras, il retombe. J'essaye de lever la tête, elle retombe. J'essaye d'ouvrir l'œil, je ne rencontre aucune résistance. La cornée est insensible, le pouls est très faible, les battements des tempes sont lents et plutôt durs ; la main est froide et moite. La malade ne sent rien, elle s'affaisse dans la position où on la place.

« Tandis que je me livre à cet examen, tout autour de moi on se lamente : « Ne lui fais pas « de mal, ne te fâche pas, c'est un ami, il parle « malgache comme nous, sois bon, secours-nous, « sauve-nous. » D'abord je me demande si c'est à moi qu'on s'adresse. Mais, non ! on est age- nouillé, on lève les mains en l'air, on se pros- terne le front en terre. Alors c'est à la malade ? Non, elle est insensible et n'entend rien. C'est au *lolo Zanahary* que ces supplications sont adres- sées. La femme revient à elle très lentement et je me retire suivi du mari qui me demande de ne pas l'accuser auprès des autorités. Il m'expli- que en pleurant : sa femme est malade de la fièvre, comme jamais ; rien n'a pu la guérir. C'est le *lolo* du Boïna qui la fait souffrir ; alors on fait le « Service », on en est à la deuxième céré- monie... Je lui donne quelques conseils et lui demande de m'amener sa femme quand elle sera dans son bon sens......

« ...... Ils sont venus. Je n'ai presque pas re- connu la femme dans ses vêtements hova pro- pres et soignés. Son visage reposé est si diffé- rent que je me demandais si c'était bien la même personne. Elle ne se souvient de rien, elle se plaint seulement d'avoir mal à la racine des che- veux. On comprend cela, et le contraire éton-

nerait. Hier elle aurait mangé du verre pilé, bu
du vinaigre chaud, avalé des aiguilles sans s'en
rendre compte. Ce dont elle souffre, c'est d'un
état palustre qui remonte à plusieurs mois ; il
lui faut de la quinine, une nourriture appro-
priée...... »

Octobre 1910. Antalia. — « ...Il est bien petit,
le village, mais on y trouve un homme ayant
des relations avec les esprits. Dans sa case, juste
sous le toit, est suspendue une claie sur laquelle
est rangé en bon ordre tout ce qui est nécessaire à l'évocation. Il s'explique volontiers ; mais,
s'il connaît les manières de procéder, il ignore
les raisons ou les origines des pratiques. Il vient
de descendre la claie, il a dressé l'autel minus-
cule. « Pourquoi cela ? » — « *Je demande.* »
— « Tu demandes quoi ? » — « Je demande
« parce que mon enfant est malade. » Il met
de l'encens dans deux coupes, de la terre blanche dans une assiette blanche, de l'argent, des
pois (poas) d'or et d'argent. — « Mais pourquoi cela ? » — « Je demande ! » Et tandis
que l'encens brûle, il élève les deux mains vers
l'est en murmurant une formule qu'il ne veut
pas répéter. Il prend un peu de blanc sur son
doigt et il trace une longue ligne sur la tête de

DOANY DE MAHABO : Vue générale extérieure

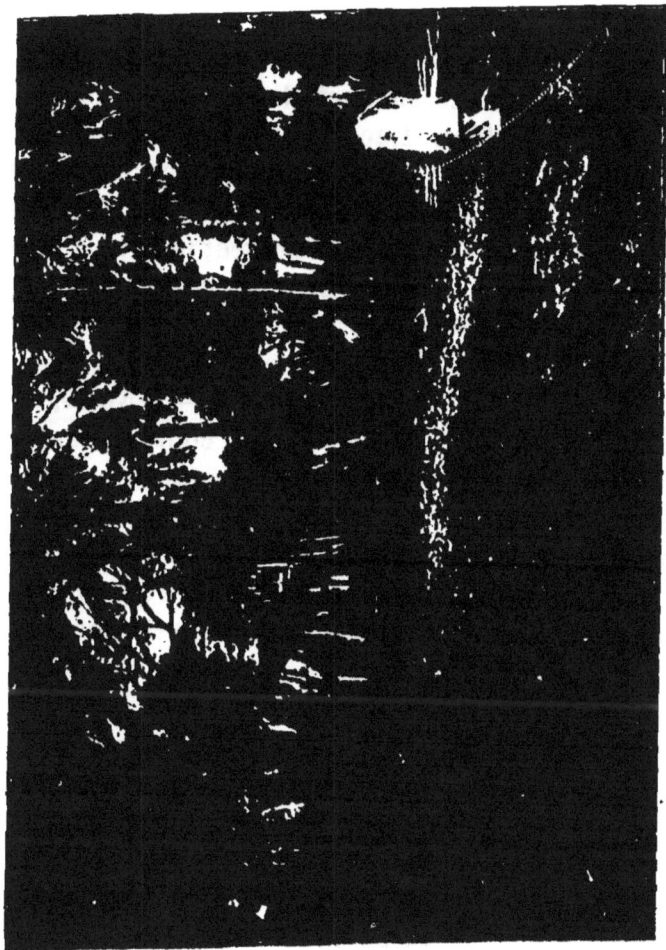

AU 1er PLAN, LE VALA BE — DANS LE FOND, LE VALA-MENA
DANS LE FOND, PORTE D'ENTRÉE DU VALA-MENA

son fils, depuis l'extrémité du nez jusqu'à l'oc-
ciput. Toute la famille y passe ; un voisin peut
se faire oindre le sommet de la tête et le dessous des oreilles. Encore une invocation mur-
murée, il semble que seul l'homme prie, les
autres n'écoutent même pas. On boit l'eau de
l'assiette, chacun en a une gorgée; puis tout l'at-
tirail est placé dans un linge blanc remis sur la
claie, elle-même recouverte d'un morceau d'étoffe
blanche. « Alors c'est fini ? » — « Oui, j'ai de-
« mandé. » — « Oui, et après ? » — « Après, on
« verra ; peut-être le *lolo* sera-t-il content, car on
« lui a donné de l'argent ! » — « Ah ! » J'examine le garçonnet, il a une fièvre violente, des
maux de tête. On accuse un *Zanahary* de vivre
en lui, et c'est la fièvre paludéenne. Tout ce qui
est bon, tout ce qui est mauvais, on l'attribue aux
esprits..... »

Fin octobre 1910. Miadana. — « ...J'ai vu deux
mendiantes, bien intéressantes l'une et l'autre.
Esclaves toutes les deux, leurs sorts sont cependant fort différents, quoiqu'aussi peu enviables
que possible. La première : « Sans parents, sans
« amis, sans enfants. Je n'ai plus la force de tra-
« vailler, et pour comble je suis aveugle. Je n'ai
« rien, absolument rien, *pas même un Zanahary.* »

Et c'est cela surtout qu'elle regrette; car, avec un *Zanahary*, elle pourrait vivre, on la craindrait, ou on la soignerait pour recevoir quelque chose du *lolo* : Triste destinée, « n'avoir pas même un *Zanahary* ! »

« La deuxième parle avec une certaine noblesse, et, malgré ses infirmités, son maintien a quelque chose de digne. Elle aussi est sans personne ; mais, avec une vraie fierté, elle dit : « J'ai un *Zanahary* »; et elle montre son front, sa nuque (la fièvre), ses jambes ankylosées qui ne veulent plus la porter (rhumatisme). « Comment « sais-tu que tu as un *Zahanary* ? » — « Il remue « en moi », et elle montre sa tête, sa poitrine. Je veux tâter le pouls. La pauvre vieille est alors secouée par de grands frissons qui passent sur tout son corps décharné : C'est le *Zanahary* qui proteste. « Et qu'est-ce qu'il veut, ton *Zana-* « *hary* ? » — « Il veut de l'argent, le service, alors « il sortira et je serai guérie. » Hélas ! »

CHAPITRE VI

LE TROMBA

MALADIES — AGENTS — PRÉPARATIFS

Le mot *Tromba* n'a pas un sens unique. Il représente souvent tout l'ensemble des cérémonies auxquelles donnent lieu les visites des ancêtres. D'autres fois il désigne seulement le malade dans lequel les esprits ont élu domicile ; mais alors c'est par extension ; car il est bien entendu que ce sont les esprits seuls qui sont les *Tromba*. Enfin les maladies, *certaines* maladies, sont appelées *Tromba*, comme étant causées par les *lolo* ou le *Zanahary*.

En effet, il faut un état physique spécial pour qu'éclatent les divers phénomènes, preuves de la présence du dieu. Aussi est-ce surtout ceux qui font une longue maladie, ou qui, à la suite d'une

crise subite, ont découvert leurs capacités mé-
dianimiques ou hypnotiques, qui se trouvent
en possession de *Tromba*. Ils ne se rendent, du
reste, aucunement compte de la succession des
phénomènes dont ils sont les jouets, et ils agissent dans la plus complète inconscience, « frappés par le *Zanahary* », et pour obéir aux coutumes qu'ils suivent avec la plus grande superstition.

Les objets choisis de préférence comme dignes
des attentions du *Tromba* sont les gens impalu-
dés, sujets à de fréquents accès de fièvre, ou qui
en sont à la phase de cachexie où tous les membres font mal et où même parfois on éprouve une
certaine difficulté à marcher. Une chaleur intense
s'empare du malade ; il a, dit-on, « la fièvre dans
les os »; ou encore: « les chiens lui mangent les
muscles ». Il lui semble parfois qu'on lui déchire
les chairs. Peu à peu il s'affaiblit, alors que son
cerveau, au contraire, est en proie à une grande
agitation. Ses pensées ont une rapidité extraordinaire, et sa lucidité l'étonne lui-même. C'est le
commencement du délire. Le malade s'en rend
compte au début, mais il est incapable de maîtriser ses mouvements ou sa pensée. Le *Tromba*
s'est établi là à demeure. Comme le fiévreux a
des alternances de repos ou d'insensibilité et d'agi-

tation, on dit : « Le *Tromba* est couché », ou
« le *Tromba* veut sortir, agir, il demande qu'on
le serve. » Les gens pris par les rhumatismes, par
une bronchite chronique, l'asthme ou des symp-
tômes de tuberculose pulmonaire ou autre, sont
aussi « frappés par les esprits ». L'érysipèle,
dont la marche paraît si étrange aux indigènes,
est une autre façon du *Tromba* de se manifester.

Qu'un état fâcheux de santé empêche quelqu'un de trouver le sommeil nécessaire pour
reprendre des forces, ou en fasse la proie de
cauchemars plus ou moins effrayants, il est certainement la demeure des ancêtres. Le rêve
joue ici un rôle considérable (1) ; mais il faut qu'il

(1) Le rêve d'ailleurs apparaît dans presque toutes les
manifestations religieuses. Il est tour à tour punition ou
récompense... Les chrétiens malgaches eux-mêmes lui donnent une grande importance. Ceci nous a forcé à examiner
la question du rêve en elle-même et à chercher à l'expliquer.
Cela devenait important, soit à cause de la fréquence des
occasions où il fallait parler, soit à cause de cette sorte de
loi antithétique qui conduit tantôt une âme pure à faire des
rêves où l'odieux le dispute à l'absurde, et tantôt un parfait
gredin à voir les cieux ouverts et les anges servant Dieu dans
la Gloire. Le rêve est un saut du subconscient dans le conscient ou par dessus le conscient. La volonté, à l'état de veille,
repousse une pensée ; celle-ci revient brusquement au moment où la volonté ne peut plus exercer sa tension, comme un
ressort reprend sa position dès que ce qui le maintient cesse
de le retenir. Vous repoussez les idées impures, mauvaises ;
elles reprennent une place à l'heure où vous ne pouvez plus
leur opposer la résistance de la volonté. La couche inférieure

ait une certaine coordination. Si le malade a vu
la mer, un bateau, le peuple réuni comme pour
une fête, les chefs, il n'y a plus à douter : le *Tromba* est là. Il est facile de voir dès maintenant
quelle part importante la suggestion a dans
toute cette affaire. On se souvient qu'Andriamisara ou ses prédécesseurs sont arrivés par la
mer, ils sont venus à bord de grands voiliers, le
peuple a été subjugué, et ils ont pris en main la
direction de la tribu. Un cerveau victime déjà
d'une imagination dévergondée, encouragé par
les conversations journalières, les récits abra-
cadabrants, surexcité par de longues insomnies,
et toujours prêt, même quand il n'est pas sous
l'influence de la fièvre, à traiter de divin tout ce
qui est *anormal*, est préparé à faire du cauche-
mar la preuve ultime de la visite des esprits. Le
malade croit qu'il personnifie un ancêtre, qu'il
revit le passé. Il se dépersonnalise.

qui se forme en dehors de notre propre désir se superpose à
celle que nous avons voulu constituer. Plusieurs phénomènes
religieux, inattendus, peuvent s'expliquer ainsi, sans du reste
qu'on puisse en faire une règle ; l'hypothèse, ici, paraît répondre à la réalité des faits et s'applique avec la même apparence de justesse aussi bien aux rêves mauvais qu'aux rêves
bons, lesquels sont une cause fréquente de la conversion
chez les noirs !

Reste à examiner la différence qu'il peut y avoir entre la
vision et le rêve.

Il faut noter cependant que très souvent ce n'est pas le malade qui pense avoir un ou plusieurs *Tromba* (il est évidemment question de ceux qui sont pris pour la première fois). C'est la famille éplorée qui cherche un moyen de le *soulager* ou qui veut une *explication*. Elle lui suggère alors qu'il a peut-être un *Tromba*. Le malade n'est pas toujours facile à convaincre. Il a vu des scènes qui ont fait impression sur lui. Il a vu les patients pleurer, gémir, crier ; et cette situation ne lui paraît pas enviable. Mais, dans la presque totalité des cas, il finit par céder et il se rend, accompagné des siens, chez un *mpisikidy* plus ou moins renommé. Ce dernier, après avoir consulté ses graines et interrogé le malade, déclare si, oui ou non, il y a lieu de se livrer aux exorcismes. En ce cas, il désigne l'individu auquel il convient de s'adresser.

Ici il faut faire connaissance avec les *agents* du *Tromba*.

Le premier et le plus important, c'est le *Fondy*, c'est-à-dire l'individu qui possède un *Tromba* de première force ou esprit guérisseur. Mais le *fondy* ce n'est pas lui à proprement parler, c'est l'esprit, la force qui est en lui. Le nom qui lui revient en fait, c'est *Fikelrahana*, vieux mot malgache qui veut dire : siège. Il est le siège du

fondy — et *fondy* se trouve être un mot Kisoa-
heli qui se traduit par « charpentier », « fa-
« bricant ». Les Malgaches de la côte lui donnent
le sens de *créateur*. Le *fondy* ou *fiketrahana*, véritable hypnotiseur (homme ou femme, peu importe) est toujou . accompagné d'un *Mpamoaka*
(qui fait sortir) u *Mpitam-baravarana* (qui fait
passer la porte). Ce dernier doit, invariablement,
faire partie de la famille du *fondy* et être en
relations particulièrement intimes avec lui. La
plupart du temps, c'est le mari ou la femme. Ce
mpamoaka est un interprète, c'est grâce à lui
que les assistants pourront comprendre ce qui
se passe entre le *fondy* et le malade ou bien
entre l'esprit ou les esprits qui ont pris possession de lui et ceux des assistants, la présence d'un
esprit attirant d'autres esprits.

Le *fondy* est appelé guérisseur ou *Moasy* parce
qu'entrancé lui-même il dit alors les remèdes
dont il faut se servir, les maladies (noms des
rois) dont il est question. La puissance plus ou
moins réelle de l'*ody* indiqué s'ajoute à sa puissance intrinsèque, et le malade avec lequel il est
en communication est d'autant plus facilement
guéri, sans, du reste, que ce dernier puisse espérer — ce que peut-être il ne voudrait pas — être
séparé à jamais de son *Tromba*. On donne aux

DOANY DE MAHABO : La porte du Vala-mena

LES GARDIENS INVOQUENT LES ANCÊTRES AVANT D'ENTRER

fondy le qualificatif de *grands*, quand ils ont plus de douze *Tromba*, et le nombre des *Tromba* peut aller jusqu'à 16. On ne voit d'ailleurs pas pourquoi le chiffre s'arrête là. Tout aussi bien les esprits pourraient être légion, les manifestations seraient semblables. Nous connaissons plusieurs de ces *fondy* et *mpamoaka* ; ce sont des hommes et des femmes jouissant en apparence d'une bonne santé (1) ; ils ont des traits intelligents, mais qui indiquent une forte volonté. Ils ont l'habitude du commandement, une véritable audace. Ils se sont découvert une puissance qu'ils ne s'expliquent pas, mais dont ils usent. Ils se considèrent comme des élus. Leur rôle est d'autant plus facile qu'on accepte par avance de se soumettre à eux. Ils sont les objets d'une véritable vénération. Le simple énoncé de leur nom cause souvent une explosion de sentiments admiratifs.

C'est au milieu de tout un appareil que le *fondy* agit.

Dans la partie nord-est d'une pièce, — parfois on fait une case tout exprès (et cela explique les tentes qu'on place dans le lieu désigné par

(1) Il y a là une différence avec leurs « clients » qui, eux, sont généralement des malades.

l'esprit) — on met un siège : une caisse généralement qui doit servir au malade. On la décore ou tout au moins on la recouvre d'un tapis : c'est le trône royal. En face du trône se monte un autel sur lequel on place l'assiette contenant l'eau, le miel, la terre blanche, des racines de nénuphar, et de l'argent ou de l'or, offrande aux esprits. On met là aussi une glace, au cas où le *Tromba* serait une reine, un chapeau au cas où ce serait un homme. Ici, déjà, nous voyons l'inconséquence des agents du *Tromba* ou du malade : la glace servira toujours, qu'il s'agisse d'un homme ou d'une femme, elle est un des ustensiles les plus utiles au *fondy*, et il ne s'en sépare guère ; il en a besoin quand il fait ses passes et pousse ses cris. L'eau contenue dans l'assiette prend un goût doux grâce au miel, amer à cause des racines de nénuphar ; elle est âpre au palais à cause de la terre blanche. Elle est sacrée, et c'est une boisson prise avec avidité par le malade ou les assistants. On s'en sert aussi pour faire des aspersions. Le mélange, dit-on, est capable de réchauffer : il est « *fanala manintsy* » (qui enlève le froid). La fièvre, en effet, commence par un accès algide, et généralement les malades en sont à ce stade de l'accès au début de la cérémonie. L'eau elle-même doit être puisée dans des en-

droits spéciaux et à l'heure où aucun quadru-
pède ou oiseau n'a pu la troubler. Il la faut parfaitement pure.

Quant à la terre blanche, qui sert à marquer
le visage des assistants ou leur corps, les bouteilles et tout ce qui est employé pour la cérémonie, il est difficile d'y voir autre chose qu'une
de ces coïncidences aimées par les Malgaches et
recherchées par les sorciers. La terre blanche est
appelée *ravoravo*, « joie », « contentement » ;
ceux qui sont oints sont « *ravoravoina* », c'est-à-
dire « mis en état d'être joyeux, contents ». On
dit bien parfois qu'il y a là une idée de purifica-
tion ; mais il ne s'agit que des *fady* transgressés,
et par conséquent la valeur qu'on pourrait attribuer au symbole s'en trouve beaucoup diminuée.

Une petite coupe, parfois plusieurs petites
coupes de terre, contenant de l'*emboka* ou encens
malgache, brûleront devant le malade. On aura
soin de l'entourer le plus possible de fumée ; et
plus cette fumée s'élèvera en spirales larges et
compactes, plus sûrement l'effet attendu se pro-
duira. C'est un signe d'adoration et de prière;
et c'est aussi, pour l'esprit, un moyen de fuir
dans les airs. C'est encore un expédient pour agir
sur le malade qui, peu à peu, perd conscience
dans cette atmosphère lourde et violemment par-
fumée.

De chaque côté de l'autel sont des bouteilles
de miel (c'est-à-dire d'hydromel), ou d'alcool, ou
de gros vin appelé « Taureau ». Cela dépend
des endroits. Les bouteilles, marquées avec la
terre blanche, sont au nombre de deux fois sept,
manière de dire 14 dans le *Tromba* dont l'arith-
métique offre quelques singularités. Toute cette
boisson est destinée à réchauffer le zèle des chanteurs, à réparer leurs forces. Et puis c'est une
fête de recevoir la visite royale; d'où nécessité
urgente de se livrer à d'abondantes libations
dont l'effet se fera sentir sûrement, les esprits
agissant avec plus de liberté dans une assemblée que les fumées de l'alcool ont rendue plus
sensible.

Dans un endroit réservé on met quelques
lamba. Ils sont destinés au malade (homme ou
femme), lorsqu'il sera entré en tranke et qu'on
saura à quel genre d'ancêtre on aura à faire.
Ce pourra être un roi, une reine, ou même un
esclave, son envoyé ; il sera hova ou sakalave.
Mais une fois que le malade aura endossé ces
vêtements-là, après avoir brusquement rejeté les
siens, ils seront conservés, mais pour n'être
jamais portés, sauf au jour où le *Tromba* se mani-
festera de nouveau. Ces *lamba* sont semblables
à ceux des rois d'autrefois : une chemise rouge,

DOANY DE MAHABO

Case de tôle dans le Doany de Mahabo.
Tombeau d'un guerrier . Andriamaha-
tendriarivo, de son vrai nom Itoko,
fils d'Andrianambontarivo.
La colonne de soutènement est une des
rares manifestations artistiques des
Sakalaves. On en retrouve de pareil-
les dans les autres Doany. Très dif-
ficile à obtenir parce qu'il est fady
de photographier.

Un essai d'explication de la colonne sculptée donne le récit suivant (en commençant par en haut, après les premiers dessins) : un crocodile s'est emparé d'une femme (ou un esprit sous la forme d'un crocodile) — le mari éploré fait un sacrifice (ou implore un bœuf) le mari et la femme réunis à nouveau se réjouissent. La lance représente l'arme préférée des Sakalaves ; l'individu à côté esquisse un mouvement du Tromba.

(Dessin fait par un indigène)

ou bien un *lamba* à grandes franges ou ayant encore une large bande de soie. Il s'agit de toute une garde-robe de demi-sauvage dont la composition est fort hétéroclite. Un homme s'habille en femme et vice versa ; cela dépend du *Tromba*. On voit des gens fort prévoyants ; ils apportent leurs lamba royaux. Par avance ils prennent leurs précautions. Ils sont prêts à recevoir la visite.

Un dernier instrument doit retenir l'attention. C'est la canne sur laquelle s'appuient, à tour de rôle, le *fondy*, le *mpamoaka* et le malade. Elle est longue, à la façon des bâtons de montagne, parfois ornée de sculptures (des arabesques, un serpent, un caïman, un bœuf). Le haut se trouve creusé sur une profondeur de quelques centimètres où contient une petite boîte d'argent dans laquelle on a mis des *ody*, des feuilles diverses, des petites pierres, du miel, de la graisse, toute une série de petites malpropretés dites sacrées, qui sont le secours de ceux qui s'appuyent sur le bâton. On pourrait voir en lui une sorte de sceptre ; mais il est vrai aussi que le Sakalave n'aime pas marcher sans canne. Elle lui rappelle sans doute sa lance dont on l'a forcé de se séparer. Autre particularité : le bâton est quelquefois muni de clochettes qui sont censées tinter

en dehors de la volonté de celui qui le tient, et
qui s'agitent vivement quand la trance vient ou
que le *fondy* gesticule en criant près de la figure
du malade. Celui-ci à son tour sursaute, ce qu'on
ne saurait trouver étonnant.

Le bruit, — un grand bruit dans certains cas,
mais toujours rythmé, régularisant les divers
mouvements du malade, soit qu'il danse sur son
séant, soit qu'il frappe du pied, se dandine, ou
marche autour de la case, — est de rigueur.
Comme les claquements de mains, fort divers, ne
sauraient suffire, on prend des tambours, et cela
achève de donner à la cérémonie un air de réception à la cour d'un roi nègre. A l'occasion, on
aura d'autres instruments de musique, tels que
violon ou accordéon, sur lesquels, pendant des
heures et parfois des jours, on jouera toujours
les quelques mêmes et rares notes. On se con-
tentera au besoin de vieilles boîtes de farine, ou
de bidons de pétrole. Une simple feuille de fer-
blanc, arrachée à quelque caisse, peut faire l'affaire. L'essentiel semble être d'étourdir le malade.

Enfin on a soin de préparer un bain qui pourra
être exigé par l'hôte royal ; c'est la suprême
preuve de vénération qu'on puisse lui donner.

Dès lors il n'y a plus qu'à attendre, — dans
un demi-jour si possible —; et le plus souvent

les séances débutent de manière à pouvoir se poursuivre dans la nuit. Les chants commencent. Le malade fait son entrée, et, immédiatement, le *fondy* se met devant lui, tandis que le *mpamoaka* excite à grands gestes l'ardeur des assistants.

DOANY DE MAHABO : Les tombes

UN GROUPE DE « DEMANDEURS » DEVANT UNE TENTE A L'INTÉRIEUR DU DOANY

CHAPITRE VII

LE TROMBA

LES QUATRE GRANDS STADES

Si les cérémonies du *Tromba* sont monotones, elles n'en sont pas moins nombreuses ; et, seul, un peuple pour qui le temps ne compte pas peut s'en accommoder. Non seulement chacune des séances est longue, mais elles se renouvellent plusieurs fois à des époques plus ou moins rapprochées, jusqu'à ce que le résultat attendu se soit produit ; et chaque série de séances prend un caractère spécial. En outre des réunions préparatoires, il y a quatre grandes cérémonies : le *Misafosafo* : on caresse le *Tromba*, on l'allèche, on l'engage à venir ; — le *Vakim-bava* : le *Tromba* signale sa présence ; — l'*Anpitononina* : on fait parler le *Tromba*, on l'invoque pour tous les objets possibles ; — enfin le *Valy-hataka* ou réjouissance avec sacrifice de reconnaissance.

Le *fiketrahana*, averti de la visite d'un malade ou d'un demandeur, se livre lui-même à une série d'exercices qui doivent assurer le succès de son intervention. En premier lieu *il se « baigne »*, et son ablution a un double but : d'abord elle efface toute trace des souillures survenues à la suite de contacts divers ; ensuite elle lui confère un caractère spécial, il devient sacré. Net de souillures, sacré, il a le droit d'entrer en relations avec le ou les *fondy* qui sont en lui, et il leur adresse des invocations en leur expliquant les raisons pour lesquelles il fait appel à leur puissance. En réalité, par auto-suggestion, il se met plus ou moins en état d'hypnose ; cela explique la nécessité d'un *mpamoa-varavarana* qui, naturellement, doit faire partie de la famille et vivre auprès de lui pour apprendre et interpréter son langage.

C'est alors qu'on introduit pour la première fois le malade auprès de lui, mais en grand secret, car il s'agit de déterminer d'une manière sûre si le malade est victime d'un *Tromba* ou non. Quelques personnes, des intimes, sont là. Elles chantent, frappent des mains, ce qui est obligatoire durant toutes les cérémonies ; et le malade est en face du guérisseur (*fikelrahana*; *fondy moasy*, les Européens disent assez improprement sorcier). Ce dernier a deux méthodes de travail ; car, on l'a compris, ce qu'il a besoin de savoir, c'est s'il est en face d'un sujet sur lequel il exerce quelque action ou non. Il peut, au milieu du bruit rythmé, par le moyen des passes, de la glace, obtenir un sommeil plus ou moins profond, pendant lequel se manifestent des tremblements. Le *mpamoa-varavarana* déclare alors que la réussite est certaine et le *fondy* fixe le jour d'une séance publique.

Cette première méthode échoue-t-elle, ils en essaient une autre. Le malade est mis sous une sorte de grand drap, et, sous ce drap, on brûle dans une petite coupe le fameux « *emboka* » et quelques herbes odorantes ; et tout le temps que dure cette fumigation, les parents s'agitent, chantent leurs invocations. Après un certain temps, si l'opération a réussi, le malade est rendu à l'air libre ; il n'a plus conscience de lui, il grimace et pleure en ayant des mouvements des épaules, des bras et des jambes, qui suivent le rythme des claquements de mains. C'est par ce moyen-là que le « *mpamoa* » agira en public. Si le malade est réfractaire, — et le cas est fréquent, — on dit simplement : « Il n'y a pas de *Tromba*. »

La première séance publique ne semble avoir
qu'un but : prouver aux assistants que le malade
a un *Tromba*. Réunis dans une case, ils l'accueil-
lent de la façon dont ils accueilleraient un visi-
teur royal, et ils montrent la plus grande patience
en attendant la manifestation. Ils chantent sans
se lasser et frappent des mains avec un véritable
art ; et déjà on fait circuler les bois de *Toaka*
ou de « taureau ». Le *fondy* fait une longue
invocation dans le bruit, il prie les ancêtres, il
les nomme tous ; il leur parle du malade, et
lui-même semble en proie à une crise. De son
côté, le malade tremble, et le bruit augmente
autour de lui. Les tremblements redoublent ; le
fondy reconnaît un parent : « C'est lui, c'est
bien lui », et au milieu d'un grand tapage joyeux,
on se sépare. Il y a lieu, en effet, de se réjouir.
Le *fondy* indique le jour de la prochaine réunion, car il convient d'éviter les jours néfastes ;
mais pour les fiévreux, il est facile de voir que
le jour choisi est aussi celui de l'accès. Chacun
se retire, marqué de signes blancs que l'on conserve avec soin le plus longtemps possible.

La deuxième cérémonie a beaucoup plus d'apparat. Elle est plus soigneusement préparée et
représente peut-être ce qu'il y a de plus spéci-
fiquement religieux dans le *Tromba*.

L'autel, pourvu de tout l'appareil déjà décrit, est dressé à l'est ou nord-est de la case. Le siège du malade est en face. L'assemblée regarde vers l'est. Comme auparavant, le *jondy* cherche à mettre le malade en état d'hypnose ; il s'adresse lui-même à l'esprit qui s'est emparé du malade et en qui il reconnaît son parent. Les assistants chantent et frappent des mains ; surtout, ils prient ; on peut dire qu'il se fait là de vraies prières. A deux genoux, levant les deux mains rapprochées, la paume en haut, par-dessus leur tête, ils s'adressent au dieu qui est supposé cause de la maladie. Le malade a péché, ce n'est qu'une transgression d'un *jady*, il faut lui pardonner, et la preuve du pardon sera dans la fuite du *Tromba* ; aussi lui demande-t-on avec instance de quitter le malade. Ce dernier, pendant tout ce temps, pleure, gesticule, grimace de toutes les façons, pousse de grands soupirs. De temps à autre, comme pour diminuer l'intensité de la crise qui paraît extrêmement douloureuse, le *jondy*, ou son aide, verse sur la tête du possédé une partie du contenu de l'assiette blanche et même lui en fait boire. Après cette aspersion succède un moment d'excitation plus intense qui fait dire aux assistants : « *Il* est là, *il* est là » ; et on *le* prie avec plus de ferveur. A ce moment, le *fondy* fait de nouveau boire une gorgée de l'eau sacrée et fait une grande marque blanche sur le visage du patient : elle part du coin des lèvres pour aller rejoindre le dessous du lobe de l'oreille : c'est le *vaky-vava* (*vaky* : casser ; *vava* : bouche). Par cette opération la bouche du malade a été ouverte, car jusqu'à présent il n'a rien pu dire. Il parle enfin : « C'est moi, je l'ai rendu malade »; et tous les assistants de s'écrier : « Délivre-le ! Va-t-en ! » Et on chante, et on crie, et on fait tout le tapage possible, comme s'il s'agissait d'effrayer l'esprit, tour à tour encensé et honni.

Puis ce n'est pas seulement le malade qui est possédé. Parmi les assistants il y en a un, deux, trois, et parfois un beaucoup plus grand nombre, qui sont « frappés par le *Tromba* ». C'est une *contagion* : les *Tromba* anciens se sont réveillés à l'ouïe de la présence d'un des leurs, et il y a des *Tromba* nouveaux qui se manifestent spontanément.

C'est, en général, à ce moment troublé que se passe une scène dont il est difficile de saisir la cause, à moins de dire qu'elle est suggérée par le *fondy* ou son compagnon. Le malade se met à hurler, les cris ont un caractère différent suivant la tribu de celui qui les pousse ; il s'agite tou-

jours plus violemment pendant quelques instants ;
puis tout d'un coup il s'avance un peu par mouvements brusques et disloqués et rejette tous ses
vêtements. Les assistants, qui prévoient l'incident,
l'entourent vivement et le revêtent de lamba
neufs. La même scène — qui est un vrai symbole —
se renouvelle plusieurs fois ; car chaque *Tromba*
a son instant de crise héroïque. Les lamba deviennent vêtements royaux, ils sont une offrande
au dieu et lui sont consacrés. On les garde à la
maison dans un endroit réservé, — le coin *fira-
razana*, — celui où se font les prières.

Le malade n'est plus dès lors considéré que
sous *sa nouvelle personnalité*, dont on ignore encore
le nom ; lui-même semble avoir oublié son véritable
état. On le conduit au bain en grande pompe, avec
cortège, dans la tente ou cabane disposée à cet
effet. C'est un honneur pour lui, une joie pour
ses amis. A son retour, on le reçoit avec des transports d'allégresse. Revêtu des vêtements royaux,
il se calme brusquement. Il est une nouvelle
créature ; son attitude même change. On continue
de s'adresser à lui, d'invoquer les dieux, mais
progressivement l'excitation diminue ; et, si on
n'a pas fait un trop grand usage des boissons
alcooliques, le silence est bientôt complet. On se
quitte très heureux (avec des marques exté-

rieures de satisfaction) ; on est assuré de la guérison du malade. On devise sur les suites probables
de la séance et sur l'identité du *Tromba* qui se
nommera bientôt ; la curiosité à son sujet est
très grande et la troisième cérémonie attirera
tout un public. Elle est en effet d'un haut intérêt, car c'est d'elle que dépend le sort final du
malade.

Il est à remarquer que dans cette deuxième cérémonie le *mpamoaka* semble prendre
le rôle d'un grand prêtre, d'un médiateur : il
parle au nom des dieux, il prie au nom des assistants, c'est sur lui que repose toute la direction
de l'assemblée, il la « *chauffe* » ; cette dernière
est fort docile, du reste, et prête à toutes les
fantaisies des esprits. Cela ne veut pas dire qu'une
classe de prêtres ou de sacrificateurs, distincte
du reste du peuple, se forme de cette manière. Il
est loin d'en être ainsi, car le *Tromba* s'empare
de n'importe qui ; et celui dont il a pris possession a besoin de son *mpamoa-varavarana*. Il est
donc bien question d'une sorte de sacerdoce
universel, ce qui a jeté bon nombre d'observateurs superficiels dans l'erreur et leur a fait
dire : « Les Malgaches n'ont même pas de prêtres. »

L'*ampitononina* ne diffère pas, au début, des

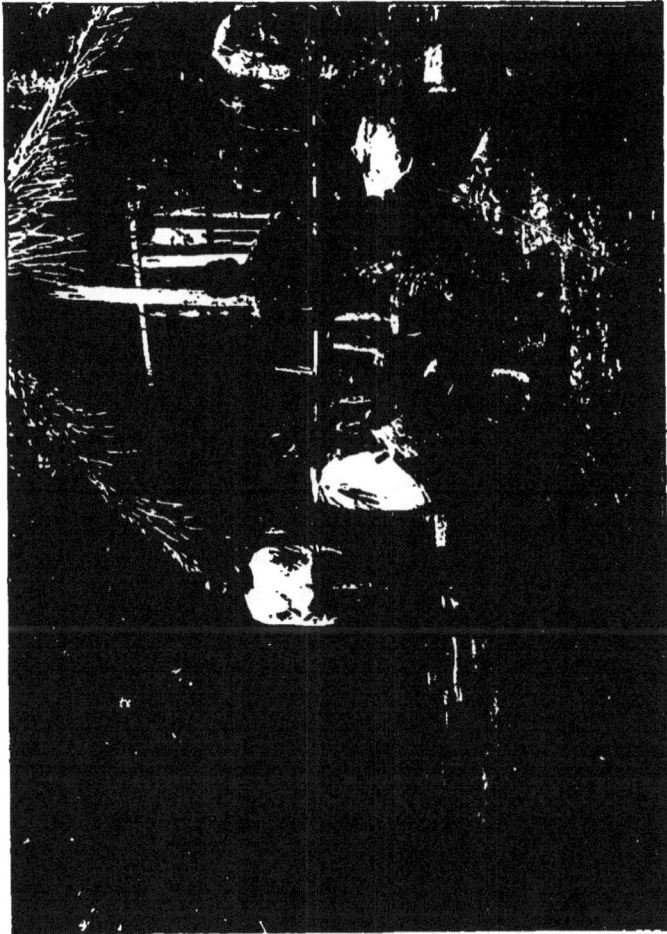

MAHABO-KELY : Une résidence des Ancêtres

LE GROS TAMBOUR D'APPEL
Les deux longs tambours (Manandria)

deux précédentes cérémonies. Les dispositions
dans la case, les personnages sont les mêmes,
mais les différents acteurs et spectateurs sont
plus excités. Le malade commence lui-même à
prendre l'habitude et entre plus facilement en
trance. Ce qui distingue la troisième séance ou
la troisième série de séances, c'est que l'esprit
parle. D'abord il doit se nommer ; cela ne va
pas tout seul, car il a une manière à lui de mys-
tifier les « demandeurs » : il envoie en avant
ses serviteurs, ses esclaves, et ceux-ci se manifestent par quelques paroles : « Qu'est-ce que
vous voulez ? » — « Le maître est occupé. » —
« Vous le dérangez sans raison, » — ou autres paroles semblables, à moins qu'ils ne prétendent remplacer le maître lui-même. Le *fondy*, le *mpamoaka* et toute l'assemblée protestent violemment ; ils veulent l'esprit lui-même. On injurie
les esclaves, on n'a pas besoin d'eux, ils ne
savent rien, ou bien on les envoie chercher le
maître dont les lumières sont attendues avec
impatience.

Quand les choses en restent là, c'est que tout
s'est passé simplement. Mais les esprits inférieurs ont une méthode particulière de témoigner de leur présence : le malade se tortille sur
son siège, il se met à rire, rire aux éclats et sans

arrêt ; cela fait penser au délire hilarant. Bientôt le malade se déplace, va d'une personne à
l'autre. Il se produit alors une certaine confusion. Il prend plus d'audace et se livre aux fa-
miliarités les plus inconvenantes. Ce malade
peut être une femme en habits d'homme ou un
homme sous un jupon ; l'un ou l'autre dans la
vie ordinaire se garderait bien de faire aucune
des actions auxquelles il se livre sans l'étrange
impulsion dont il n'est pas maître. Ces incidents
se produisent parfois à la fin des séances ; quand
le maître a passé lui-même, ses serviteurs viennent comme pour accomplir leur service, d'où
agitation générale qui se termine par la bruyante
dispersion de l'assemblée. S'ils se produisent
avant, la lutte est plus ou moins longue.

Enfin l'esprit se nomme. Encore faut-il que
l'excitation ait atteint le comble et qu'il ait fait
un certain nombre de reproches au malade (c'est
bien le malade qui parle) et aux assistants : On
lui a manqué de respect, on a oublié les *fady*,
etc., etc. C'est Radama (le deuxième roi hova)
ou Andriamisara ou tel autre ; et immédiatement l'assemblée se met dans l'attitude convenable pour satisfaire l'esprit. Et celui-ci a, dans
ses sentiments, des fantaisies imprévues. Tantôt
il déteste tout ce qui est Européen : aussitôt on

rejette ce qui peut rappeler les blancs, d'ailleurs
en restant dans de singulières illusions à ce sujet.
Tantôt il paraît, au contraire, aimer les blancs —
c'est en général le cas pour Radama — : toute
l'assemblée cherche à se faire européenne. On
parle français même. Oh ! un français d'occasion : « Koman ça va ? çava bian ! » « Bon ça »;
et naturellement le genre d'assistants permet
de plus ou moins grandes envolées.

Il n'est pas douteux que, sous l'influence de
l'exaltation, il se produise des phénomènes de
glossolalie, que nous retrouverons ailleurs aussi.
Beaucoup de gens, en rapports fréquents avec les
Européens qui leur parlent un langage simplifié,
déplorable à notre avis, ou qu'ils entendent parler, ne consentiraient à aucun prix à dire un mot
de français ; mais le *Tromba* leur délie la langue, pour de courts instants tout au moins. Des
Hova parlent sakalave ou le bizarre langage des
Zazamanga, des Sakalaves parlent hova. Pour
les uns et les autres, c'est souvent, dans le courant ordinaire des choses, une grande difficulté ;
car, s'ils s'entendent, le plus souvent ils parlent
chacun son propre idiome. Quant au *Tromba*, il
parle la langue de son pays d'origine, sans s'in-
quiéter de son « siège ».

Si l'esprit est soupçonné d'être anti-chrétien,

on se répand en imprécations contre les chrétiens ; si, au contraire, il s'agit de Ranavalona II,
on pourrait se croire dans un temple. Nous savons toute une assemblée où, parce qu'on avait
affaire à un esprit « prieur », on chanta le can-
tique II, le *Te Deum* malgache, on lut le chapitre XIII de la première épitre aux Corinthiens ;
il y eut même quelqu'un pour faire une exhor-
tation et prier, prier à la façon des chrétiens. Quel
que soit le résultat, la cause est toujours la même.

L'esprit se nomme, mais n'est pas reconnu
tout de suite comme le véritable esprit résidant
dans le malade. Il faut que ses parents le reconnaissent. Il se nomme, et il y a dans l'assemblée
une violente protestation; c'est que le *Tromba* X
existe déjà dans un tel, et il ne peut exister à
deux exemplaires dans le même endroit. Il y a
donc certains tâtonnements, d'autant plus que les
esprits aiment le changement, ils passent de l'un
à l'autre. Bref, l'ordre s'établit et les esprits se
sentent en famille, ils se saluent, s'interpellent.
Soudain tout ce pauvre peuple est pris de la
folie des grandeurs, il revit quelque épisode
d'une époque plus ou moins lointaine ; il ne
tarde pas, il est vrai, à revenir à la réalité.

L'esprit qui rend malade est aussi guérisseur,
il dit des remèdes ; rien du reste ne lui est in-

CELLES QUI CHANTENT QUAND LA REINE B*** A SON TROMBA (1re vue)

connu. Aussi l'interroge-t-on sur une foule de questions. Il indique les *jady* à observer, les voyages à faire, les moyens de devenir riche ; il désigne aussi ceux qui ont jeté des sorts ; et si, quand le malade est revenu à lui, on va lui demander s'il se souvient de ce qu'il a dit, tout est oublié, et même, par avance, il a eu soin de s'en remettre à un ami qui est chargé de lui redire tout au sortir de la crise. Souvent son langage est incompréhensible ; car il s'agite en parlant, il souffle comme épuisé, même il mugit. C'est alors que le *mpamoaka* sert d'interprète.

La séance se poursuit en partie double ; car, tandis qu'à l'intérieur on se livre à des exercices fantasques, à l'extérieur on fait un sacrifice. Le bœuf offert est plus qu'une victime, il est même divinité. On ne l'a pas sans quelques difficultés, car il doit avoir la tête, la queue, les quatre pieds blancs, c'est déjà une bête de choix; mais, bien plus, il faut qu'elle se laisse conduire à la mort sans protestation ; toute bête qui mugit ou donne des signes d'inquiétude est relâchée ; elle doit consentir au sacrifice qui a tous les caractères d'un sacrifice expiatoire. Devant le bœuf, on fait une longue invocation à Dieu (*Andriamanitra*), aux cieux, à la terre, à la mer, aux esprits connus et inconnus ; puis le bœuf

9

est tué. Le premier sang qui sort de la blessure
béante sert à faire une sorte d'aspersion ; on
marque tous les assistants qui le désirent, et
particulièrement le malade, sur le nez, sur le
front, à la naissance du cou ou plus complètement encore. On verse aussi un peu de ce sang
dans l'assiette blanche pour le mêler à la mixture
déjà indiquée, et le tout servira à des bénédictions réitérées, ou pour asperger encore le malade,
tandis que le *fondy* dira : « Nous éloignons les
nuages. » L'aspersion sera renouvelée toutes
les fois qu'un tremblement plus violent indi-
quera que l'esprit remue ; si quelques gouttes
s'égarent sur quelque assistant, immédiatement
il est pris de tremblements. C'est toujours la
contagion, causée par la suggestion ou l'auto-
suggestion.

Le sacrifice accompli, la viande est distribuée
par quartiers ; on a prié le bœuf, puis il a été
offert en sacrifice de substitution ; enfin on le mange comme pour participer d'une manière plus
intime à la vie du Dieu qui était en lui. Toutes
ces idées ne sont certes pas exprimées d'une
manière aussi claire ; mais on les retrouve dans
les bribes d'explications qu'on peut obtenir de
temps en temps. Car, le plus souvent, c'est par
surprise qu'on peut assister aux scènes que nous

décrivons, et il faut inspirer une bien grande confiance pour que les gens consentent à sortir de quelques vagues généralités sans grand sens et à fournir les raisons de tels gestes, telles actions, ou telles formules ; sans compter que, neuf fois sur dix, ils suivent aveuglément un programme dont ils ne comprennent en aucune façon le sens profond. Ce sont des formalistes.

Après toutes ces démonstrations, le malade *doit* être guéri ; s'il ne l'est pas, on recommencera. La responsabilité de l'échec incombe, croit-on, à quelque intrus, ou tout simplement au malade lui-même. S'il vient à mourir, on l'accusera de quelque grosse négligence dans le « service » ; et s'il guérit, ou s'il se croit guéri, on prépare le « *Valy-hataka* ».

Dans cette dernière partie des cérémonies du « *Tromba* », c'est la joie, la confiance qui dominent. On n'a plus besoin du *fondy* ou du *mpamoaka* ; le malade guéri est *fondy* lui-même et a son *mpamoaka*. Il ne tarde pas à entrer en trance par persuasion, et il parle : « Le malade est guéri, il avait négligé les *fady*, maintenant je veux des compensations. » Et l'esprit indique les *fady* à observer, les sommes d'argent à lui remettre. Puis on se met à l'interroger en lui promettant les dons plus ou moins grands. Il y a même une sorte de marchandage à propos des *Jady*. On peut réclamer une moins grande sévérité et offrir un dédommagement que l'esprit accepte ou refuse suivant son bon plaisir.

Toutes ces offrandes reviennent au malade guéri ; mais il ne faudrait pas croire qu'il en ait la jouissance pure et simple. Il doit les garder et, si l'esprit l'a dit, s'en faire de grandes chaînes qui lui passeront par dessus les épaules. Une femme mettra une pièce de cinq francs dans ses cheveux ; elle aura une ou plusieurs rangées de grosses chaînes ; tel autre aura des cercles d'or ou d'argent au poignet, à la cheville, et il se trouve que ce qu'on prend souvent pour un simple ornement de sauvage est aussi le témoignage d'une reconnaissance qui veut se rendre publique. Dans beaucoup de cas, l'argent est simplement conservé avec les vêtements royaux et prendra place de nouveau dans l'assiette à la première occasion. L'esprit a un petit trésor qu'il distribuera, en telle ou telle circonstance, en signe de satisfaction. Même, pour lui faciliter les libéralités, on a recours à un moyen qui ne manque pas d'originalité et qui prouve à quel point le Malgache sait être pratique.

Le .« *joro-velona* » ou *prière vivante* est un bœuf donné en offrande à l'esprit ; mais on ne

CELLES QUI CHANTENT QUAND LA REINE B*** A SON TROMBA (2ᵉ vue)

le tuera pas. C'est une jeune bête bien choisie.
La couleur dépend beaucoup de l'esprit auquel
on la destine. On brûle de l'encens devant l'animal ; par des invocations on le consacre ; il
sert même à interpréter la destinée des humains.
Puis on le rend à la liberté, une liberté complète
et qui souvent s'exerce aux dépens du culti-
vateur. Jamais le *joro-velona* ne doit être effrayé,
ou dérangé, ou frappé ; il est la propriété de
l'esprit ou des esprits.

Mais il grandit, devient un bel animal ; et,
un jour, on le vend au nom de ses propriétai-
res. On en achète un plus jeune destiné à la
remplacer ; et la différence de prix, entre l'achat
et la vente, laisse une somme qui est remise à
l'esprit. Celui-ci fait alors une distribution générale. On vient lui demander aide et secours,
comme aux rois de leur vivant ; on lui emprunte,
et il se montre aussi généreux que possible. Seulement, la somme n'est pas toujours suffisante
pour satisfaire tout le monde ; alors, avec de
la terre blanche provenant de l'assiette blanche,
l'esprit fait une trace ronde dans la paume de
la main du quémandeur, referme les doigts en
pressant fortement et recommande de ne pas
laisser perdre le trésor. Le plus curieux de l'affaire, c'est que le quémandeur s'estime très heu-

reux. La fête se poursuit avec plus ou moins de monotonie, au milieu des libations, des cris, des jeux, et parfois elle finit très lamentablement dans une ivresse générale, ce que nous avons pu constater nous-même.

Il ne faudrait pas croire que tous les détails du *Tromba* soient consignés ici, ni qu'il y ait là aussi un ordre immuable. Les esprits sont fantasques, brusquent parfois les choses, et alors le malade guérit rapidement, ou ils les font traîner en longueur, ils ont des exigences inattendues. Les « bains » et les sacrifices, en particulier, peuvent se multiplier ; c'est une question de fortune dans bien des cas, et le *Tromba* est clairvoyant. Il suffit aussi qu'un étranger se soit glissé dans le cercle pour que des modifications interviennent avec de longues répercussions. Et puis, par quoi et par qui pourraient être réglées les fantaisies d'esprits en délire, de malades inconscients, ou de gens pris par une demi-ivresse considérée comme divine ?

On peut sourire, ou pleurer, devant toutes ces puérilités ; elles n'en démontrent pas moins quelle inquiétude agite ces âmes qui vivent dans une continuelle angoisse, sentant leur faiblesse, et en quête d'un protecteur, d'un sauveur. Elles cherchaient, elles ont cru avoir trouvé. L'animisme pur et simple leur a paru bien grossier ; donner des vêtements à des arbres, verser de l'alcool sur des pierres leur semble bien insuffisant, et elles ont été prises par le charme étrange et mystérieux de ces rencontres avec les esprits. Faire revenir sur la terre les grands et puissants chefs, les conquérants célèbres, évoquer leurs mânes, se mettre sous leur égide, s'assurer leur protection, dût-on, pour obtenir ces faveurs, se livrer aux sacrifices les plus coûteux et souffrir cruellement soi-même, n'est-ce pas le maximum de ce que peuvent espérer les hommes ? Traités durement par la nature, vivant sur un sol souvent ingrat, témoins des violences des éléments, navrés de leur faiblesse, effrayés par la maladie et plus encore par la mort, ces païens veulent une consolation, essaient de s'ouvrir un passage dans l'obscurité. Ils étaient en marche vers la vérité ; mais en route, sans guide, ils ont bifurqué et se sont égarés dans un sentier sans issue qui s'est refermé derrière eux. Ils errent aujourd'hui dans le désert de l'illusion.

CHAPITRE VIII

DIVERSITE DU TROMBA

A côté des manifestations dont il a été question, il y a place pour un certain nombre d'autres phénomènes du même genre et qui se rencontrent plus ou moins souvent.

Le premier dont il faut parler est le *Tromba-tromba*. Il y a dans le redoublement du mot *Tromba* une idée de diminution. C'est qu'en effet, il ne s'agit que d'un état momentané qui ne nécessite aucune cérémonie et qui se rencontre généralement chez les nouveaux arrivés dans le pays (Boina), principalement chez les femmes. X., est depuis peu installée dans sa case. Tout d'un coup elle cesse ses occupations et se met à parler vite sur un ton plus ou moins exalté ou récitatif, se nommant à la troisième personne, indiquant les *fady*, des voyages à faire, un lieu de réunion, un moyen d'avoir de l'argent, etc., etc. La crise peut durer un certain temps. X., revenue à elle-même, demande ce qu'elle a dit, car elle ne se souvient de rien ; et immédiatement elle se met en demeure d'obéir aux esprits, à l'esprit qui a parlé par elle. Elle a été prise par le *Trombatromba*.

Ce qui est à remarquer, c'est que dans ces occasions les cas de glossolalie sont fréquents : le *Trombatromba* parle le langage de la région qu'il a traversée ou traverse. Souvent il semble atteint de manie déambulatoire : il s'agite, fait des préparatifs, désigne un but de voyage plus ou moins lointain, et veut, en effet, voyager.

Il est évident qu'en pareille circonstance on se trouve en face de névropathes plus ou moins épuisés par de longues marches plus particulièrement pénibles pour des femmes. Il n'est pas rare d'en voir faire 500, 600 kilomètres et plus, à pied, avec une moyenne de 45 kilomètres par jour. Parfois même on marche la nuit, soit pour raccourcir le voyage, soit pour éviter la grosse chaleur au milieu du jour. Dès lors on ne s'étonne plus de l'état nerveux de nombreux individus. Cet état est exaspéré par les conversations tenues en route, les récits extraordinaires, les émotions inévitables, la vue des crocodiles, etc. L'imagination en travail prépare le *Trombatromba* ; et

le cas est naturellement accompagné de fièvre :
les pommettes des joues sont luisantes, les yeux
brillent d'un éclat inusité ; au toucher la peau
est chaude ; tout indique qu'on se trouve en
face d'une santé anormale. La tension qu'il a
fallu supporter pendant des jours et parfois des
semaines pour préparer un départ, le désir intense d'arriver au but du voyage, la nécessité
de penser sans cesse à l'étape à fournir, au village où se fera la halte du soir, tout cela explique
la dromomanie.

Quant à la glossolalie, elle ne saurait être
provoquée qu'à la suite de la surexcitation, due
à une timidité ou à une frayeur qui a voulu se
dissimuler et qui, en se surmontant par un
effort de volonté très caractérisé, a conduit le
sujet à se mêler à des groupes parlant sakalave. Les mots ont été répétés ou se sont *impo-
sés*, l'oreille en a gardé une plus grande quantité, et des tournures se sont inscrites dans l'esprit. La conséquence est qu'un Hova (homme ou
femme), incapable de parler sakalave ou makoa,
puisqu'il est nouvellement arrivé, et qui peut-être
ne pourra jamais employer l'un ou l'autre dialecte, pris par le *Trombatromba*, perdant sa
personnalité, retrouvera celle qui s'est formée en
lui en dehors de sa propre volonté et à son insu ;

il parlera par alternance une langue qu'il ignore ou n'a jamais employée.

Le *Menabe* (« très rouge ») est beaucoup plus rare que le *Trombatromba*. Il est plus connu en Imerina sous le nom de *Ramanenjana* ou fièvre dansante. Le malade — ici encore il s'agit de la fièvre paludéenne — presque toujours, dans une case nettoyée à fond et privée de nattes, allusion au fait que la terre appartient au roi, à la reine, danse sous une impulsion dont il n'est pas maître. Nous avons vu des hommes faire tenir en équilibre sur leur tête des bouteilles pleines d'eau sans cesser de danser (1) ou de marcher en sautillant. Une femme observée se livrait au même manège. Mais ce ne sont là que les signes très atténués du vrai *Ramanenjana* qui sévit, il y a quarante-cinq ans environ, en Imerina. Les observations faites à son sujet ne semblent du reste pas avoir été complètes. Mais ce qui en est dit indique une réelle parenté entre les deux formes. L'une et l'autre sont originaires du Menabe ; les chants nomment souvent le Menabe, berceau de la deuxième dynastie sakalave.

(1) Danser ici, c'est faire des mouvements des pieds et des mains alternativement, en se tortillant de côté et d'autre, mais presque sans changer de place. Le malade parfois cesse danser pour de marcher, courir et sauter.

UN « FONDY » ET SES FEMMES
La jeune femme de gauche est sa fille

Une forme de *Tromba* difficile à observer est le *Kananoro* ou *Kalanoro* ; et ceux qui en parlent ne le font pas sans une sorte de crainte. Même ceux qui en sont guéris manifestent une certaine répugnance à aborder ce sujet. Il est clair que leurs souvenirs sont désagréables. Le *Kalanoro* est un homme de la forêt. Jamais on ne l'a vu, mais tout le monde en parle, on certifie son existence à plusieurs exemplaires et on le décrit : il est petit de taille et semblable à un homme ; mais de longs poils couvrent tout son corps. Au fond on n'a sur son compte que des renseignements fort vagues. C'est, disent quelques-uns, un homme qui commit un grand crime et qui l'expie maintenant. On l'accuse d'être l'esprit de la petite vérole, il la donne et il la guérit. Quand il se manifeste, on ne le voit pas. Il mange la viande crue, les crabes crus. Il boit l'alcool. Quand il parle, on doit se tenir à distance et on entend comme la voix d'un homme parlant du nez. C'est un *Tromba* exigeant, méchant.

Nous avons cherché quelqu'un ayant vu ce *Kalanoro*, et nous avons fini par trouver un homme qui l'avait invoqué. Il y avait un malade de la petite vérole dans la maison ; et, pour obtenir sa guérison, on se livrait à des incantations. Pour faciliter à l'esprit son apparition, on fit dans la case une séparation avec un lamba et on attendit en « servani » (chants, invocations). Enfin on entendit du bruit sur le toit, l'esprit descendit. On lui donna à manger, à boire, on entendit sa voix étrange ; il indiqua, d'une manière bourrue, des remèdes à chercher daus la forêt (plantes et racines), il se plagnit qu'on l'eût dérangé pour si peu et disparut. La sincérité de ceux qui parlaient ainsi n'était psa ç mettre en doute, leur expression même témoignait de leur véracité. Qu'ont-ils vu ou entendu en réalité ? Il serait difficile de le préciser. Ont-ils été les dupes de quelque maniaque ou imposteur ? C'est possible. Ou bien encore ont-ils été les jouets de leur propre esprit ? Ce qui demeure, c'est que le *Tromba Kalanoro* est redouté plus que tout autre. C'est un mauvais *Tromba*. Il n'est du reste pas seul à inspirer de semblables craintes.

Le *Sanatry* est considéré comme une malédiction, ou plus encore comme un témoignage du mépris des ancêtres. Quand le *Tromba* invoqué ne se présente pas, mais qu'à sa place viennent les esprits inférieurs, les esclaves, et qu'on ne parvient pas à les chasser, ni par prières, ni par menaces, ni par promesses, il y a là un signe inquiétant. On essaie de rendre nul le mauvais sort en multipliant les requêtes, les marques blanches sur les visages, les objets dont on se sert, les bouteilles, etc. Si tout cela est inutile, on abandonne le malade, ou on cherche un autre *jondy* plus puissant, et chacun s'en va en disant « *Sanatry* ». Il se pourrait que le mot « Sanatry » ne soit qu'une corruption du mot hova *Sanatria*, donnant une idée de protestation et traduit par « Nullement ».

Le *Tsiny* (blâme) est une forme du *Tromba* assez fréquente. Le *Tromba* devient *tsiny*, quand, après les invocations et les rites ordinaires, on ne réussit pas à obtenir des esprits (ou de l'esprit) une manifestation claire, quelque révélation.

Le malade a été entrancé, il a dansé, il s'est dandiné, il a mugi suivant l'habitude, mais rien d'autre ne s'est produit. C'est que les esprits lui tiennent rigueur. Il est sous une sorte d'interdit. Il a commis une grave faute ; ou bien un membre de sa famille est l'ennemi des ancêtres, ou encore l'esprit (les esprits) a pris parti contre lui dans une querelle ou discussion. Et on est assez surpris de voir ici le *Tromba* devenir une sorte de confesseur. Le malade, revenant à lui, est averti qu'il a un « *tsiny* » (blâme), qu'il ne pourra guérir, qu'il doit confesser ses erreurs.

Il s'agit naturellement et toujours de torts exté-
rieurs, de *jady* violés, de manquements à la dis-
cipline du clan ou de la famille. Le malade se
défend ; on lui fait passer une sorte d'examen
de conscience, et on l'oblige au besoin à s'en
aller vers ceux qui se plaignent de lui, ou dont
il doit avoir à se plaindre. Il s'agenouille devant
eux et les invoque à la façon d'une divinité ; et
c'est seulement s'il les a vaincus par sa cons-
tance, son humilité ou ses regrets, qu'il peut espérer que les *lolo* ou *Zanahary* divers auront pi-
tié de lui, car alors il est délivré de toute condamnation.

Il semble bien que cette condamnation doive
parfois servir à un but de propagande ou de
défense. X. (le cas est authentique) a un frère
chrétien qui supplie son cadet de renoncer
au *Tromba*. Le *Tromba*, profondément offensé,
se venge justement sur celui qui l'invoque et
le rend de plus en plus malade en refusant
de « sortir » et de rien dire. Le malade alors
va se rouler aux pieds de son frère, le suppliant
de s'éloigner de lui, de le délivrer, de ne pas
empêcher la manifestation des ancêtres, ce qui
causera sûrement une mort dans la famille. On
comprend les douleurs et l'angoisse du chrétien.

Ody ou charmes Sakalaves

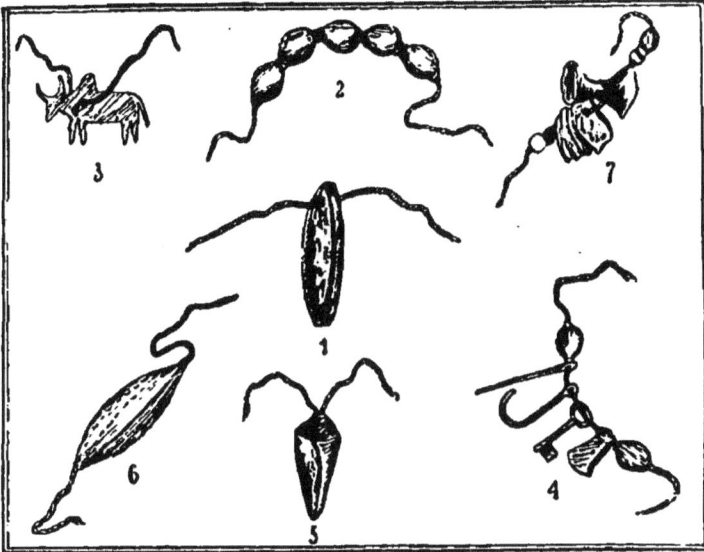

1. Lela-vola. Longue plaque d'argent. Pièce de 5 francs consacrée au tromba et qu'on doit mettre dans ses cheveux et jamais en collier.
2. Tsiresy. Petites boules dorées qui « ne peuvent être vaincues », on les met en offrande dans l'assiette destinée au tromba.
3-4. Séries de charmes ou gris-gris en argent ; la hache brise les difficultés, la clé apporte la fortune, le hameçon accroche le bonheur, l'aiguille perce les cœurs, le bœuf rappelle les dieux, les sacrifices, les ancêtres, etc. ; chacun varie ses explications. On porte cela au cou ou en bracelet.
5. Sofi-mare (maharé) : « Oreille qui entend ». A l'intérieur de la coquille il y a des Ody qui font que quand il y a un malheur en route, le possesseur peut entendre le bruit de son arrivée et faire le nécessaire pour se protéger.
6. Tsi leon doza : « Contre qui le malheur ne peut rien ». Cornaline taillée, de provenance européenne.
7. Perles, osselets, feuilles diverses « ody fofoka » délivre des rhumes.

Quand l'esprit ne veut pas parler, on emploie parfois une méthode singulière pour l'amener à résipiscence, dans laquelle on retrouve le parallélisme ou la sorte d'homéopathie malgache déjà signalés. Une courge sans défaut et représentant la tête du patient qui ne veut pas se fendre, c'est-à-dire parler, est placée sur la tête du malade, et on frappe à grands coups de bâton sur la dite courge qui doit s'ouvrir à ce traitement énergique (« on lui fait une bouche qui s'ouvre »). L'entrancé, après cela, se met à parler ou même s'exécute pendant l'opération parfois cruelle et dangereuse. Tandis qu'on traite ainsi le malade, on fait le sacrifice d'un bœuf au coin de la case.

Les différents *Tromba* se distinguent par de simples petites particularités, et les intéressés ont soin d'y prendre bien garde. On l'appelle *Lolo* : c'est un esprit de la terre, ou de l'eau, ou des arbres, ou des animaux. On l'appelle *Tsioka* ou *Varatrazo* : c'est que l'esprit est dans le vent qui souffle du nord-est ou du sud. On l'appelle *Makoa* : c'est qu'il s'agit du *Tromba* des nègres ; — ou *Razana* : c'est que l'ancêtre vient prendre ou donner la fortune, la maladie ou la guérison, etc., etc. La liste est d'une grande monotonie. Signalons pourtant une forme spéciale :

le *Misosy* ou *Tromba* des voleurs qui s'invoque
la nuit, en n'importe quel endroit, et au milieu
d'un grand bruit, destiné sans doute à effrayer
les honnêtes gens. Il n'est plus question ici de
l'esprit d'un ancêtre, d'un roi, ou d'un guérisseur, mais de la puissance d'un *ody* qui s'empare
d'un individu et le rend invulnérable, ou qui indique
le moyen de l'être. C'est au nom de cet *ody* que
les troupes de forcenés pénètrent dans les villages, ou effrayent les gardiens des bœufs et opè-
rent leurs razzia. On ne pense pas qu'il soit possible de leur résister, et c'est ce qui rend les
coups de mains si faciles en certaines régions.

Tout ceci montre combien le *Tromba* est, dans
l'esprit des gens, utile et habile. Il s'adapte à
toutes les circonstances, se plie à toutes les exigences, prend les habitudes du pays qu'il traverse, de la région où il élit domicile. Il s'accou-
tume à toutes les individualités, sait distinguer
les castes les plus diverses. Tour à tour il rend
malade et il guérit ; il entre et il sort. Mais jamais il ne domine les idées courantes, ne s'éloigne
des pratiques connues ; et jusque dans ses bizar-
reries les plus drôles, les plus pénibles, ou les
plus équivoques, on reconnaît la mentalité spéciale de ceux qui sont devenus ses serviteurs,
ses doubles, ou ses interprètes, Il règne ; en
réalité, il est esclave.

CHAPITRE IX

LES CHANTS DANS LE TROMBA

Le chant joue un trop grand·rôle dans les cérémonies du *Tromba* pour qu'on ne lui donne pas ici une place spéciale. Très généralement, les Européens le considèrent comme une simple distraction, un jeu ; et cette erreur, facile à commettre, se trouve souvent confirmée par les indigènes eux-mêmes qui, soit par honte ou timidité, soit par désir de ne pas être devinés ou raillés, affirment avec force qu'ils s'amusent. Or, les circonstances aussi bien que les paroles chantées sont la preuve non discutable qu'il s'agit de chants religieux qui ont même souvent le caractère de véritables *litanies.*

En vouloir donner une idée est une tentative quelque peu audacieuse ; car, non seulement de courtes phrases, comme celles dont il est question, se prêtent mal à la traduction ; mais elles

ont des sous-entendus qui nécessitent de longues explications.

Pour ce qui est de la musique, elle varie beaucoup, tout en gardant une certaine monotonie.
Il est rare que, dans deux clans, ou même dans
une seule série de séances successives, on chante
les mêmes paroles sur un air absolument pareil.
Cela dépend beaucoup des exécutants et, en particulier, de celui que nous appelons « chef de
chœur » pour lui donner un nom et qui, dans
une église chrétienne, s'appellerait l'officiant ;
avec une différence essentielle pourtant : le chef
de chœur peut changer, et, dans une même
séance, plusieurs chefs peuvent se succéder. Il
s'agit d'une affaire de sentiment ou d'entraînement. Le plus exalté, le plus autorisé, le moins
fatigué ou le plus habile devient le directeur
momentané.

Sur un air donné, on chante les paroles les
plus diverses. Elles sont souvent le fait de l'im-
provisation du chef, et on force une quantité
invraisemblable de mots, divisés en petites phrases, à entrer dans un même nombre de mesures.
Il est vrai que la langue malgache permet, par
ses contractions, certaines abréviations. Une prononciation extrêmement rapide aussi paraît esca-
moter un bon nombre de voyelles que, seules,

Ody ou charmes Sakalaves

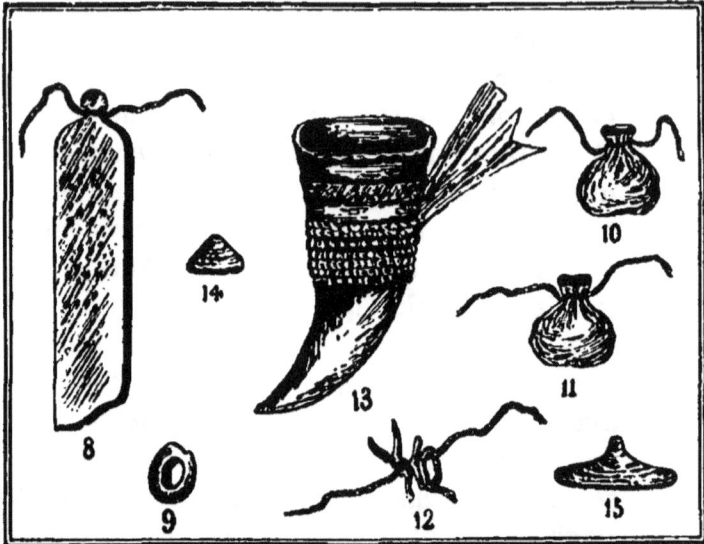

8. **Sila-bao.** Morceau de nervure de rafia, portée au cou et marquée de l'horoscope du Sikidy.
9. **Anneau d'argent**, pierre trouée ou graine trouée ayant été consacrée, protège des ennemis.
10. **Dabohany ou Fitarika.** Sachet plein de poudre de racines, de feuilles, parfois contient un verset du Coran, donne la fortune.
11. **Ody fitia.** Charme d'amour, pour éviter le divorce.
12. **Fiarovan-tena :** « Qui protège le corps », petite brindille ou racine de forme anormale.
13. **Moara.** Corne ornée de perles, à l'intérieur contient des ody qu'on arrose de miel, d'huile de ricin. Protège de la foudre et de beaucoup d'autres choses, remplace une idole, car on lui fait le service avec l'encens et les chants.
14-15 **Coquilles** qu'on se met dans les cheveux ou au lobe de l'oreille, parfois en collier.

peuvent saisir des oreilles très habituées aux sons
de la langue indigène.

Les battements de mains qui accompagnent le
chant sont tantôt sourds, tantôt pleins. Le rythme en est très varié, et les modes multiples. C'est
tout un art qui ne s'apprend qu'à la suite d'une
longue habitude. On peut faire les mêmes observations au sujet des joueurs de tambour. Ils
peuvent jouer des sortes de morceaux à plusieurs parties ; et même un seul individu sait
fort bien donner à chacune de ses mains un
mouvement différent, car le plus souvent il ne
frappe pas son tambour avec autre chose.

Les chants, au début des cérémonies, sont des
chants d'appels.

(1) *Ranahary*, *Zanahary* ou *Andrianahary*, le Créateur.

Et, une fois le chant lancé, il est continué jusqu'à fatigue complète, à moins que le chantre n'en commence un nouveau ou qu'un autre chef n'interrompe l'exécution. Le E qui précède ou suit les chants et se chante lui-même absorbe très souvent la dernière voyelle du mot final. Il est l'exclamation de respect par laquelle on accueille les rois et avec laquelle aujourd'hui encore on salue les autorités ou termine les salutations qu'on veut rendre spécialement respectueuses.

Si l'esprit se fait attendre, on le presse davantage :

Le chant continue, le chef de chœur reprenant alternativement la première et la deuxième phrase de sa partie ; tandis que, régulièrement, après lui les assistants répètent la leur.

Le chant peut être encore plus insistant :

Les deux dernières mesures de la phrase sont reprises par le chef. L'assistance les répète aussi longtemps qu'il plaît à celui-ci ; quand il s'arrête, on reprend au commencement, pour répéter encore à satiété les deux dernières mesures, etc.

L'esprit se faisant désirer, il se produit une certaine fatigue et même un peu d'impatience dans l'assemblée ; alors le chef pose une question :

Le chef de chœur seul | *les assistants*

Kor'ny ma - lo   a - to ?   tsy va - lia - nay   fa mpan - ja-ka E !
(variante) Kor'ny ma - lo   a - to ?   tsy hai-nay - fa   sam - ba - sam-ba E.
Comment va le travail ici ?   Nous ne répondons pas car il s'agit du
                                          Roi, eh !
ou encore Quelle crainte y a-t-il ici ?   (variante).
Quel interdit y a-t-il ici ?   Nous ne savons pas cela nous dépasse, o h

Reprise du chef | *reprise des assistants*

Kor' ny   ma - lo   a - to?   tsy   va - lia - nay   fa

Quand le malade commence à s'agiter, à souffler, et même mugir plus ou moins fort, on accueille le roi qui se manifeste ainsi par une nouvelle prière :

Le chef seul | *les assistants*

Tom - po - nay !   A - vy   maev - ao
Mpan - ja - kanay !   A - vy   maev - ao
To - lo - ka !   A - vy   maev - ao
An - dria - misara !   A - vy   maev - ao
Ra - da - ma !   A - vy   maev - ao
Ra - va - hiny !   A - vy   maev - ao

| Le chef | les assistants | le chef | les as. |

Notre Seigneur — il vient bien.
Notre Roi — il vient bien.
(Nom de roi Sak.) — il vient bien.
(Nom de roi Sak.) — il vient bien.
1500 ?
(Nom de roi Merina) — il vient bien.
1810-1828
(Une reine de Majunga) — il vient bien, etc., e'c...
1810

Chantée d'abord lentement et à voix modérée, cette phrase se dit toujours plus vite et sur un mode de plus en plus aigu ; les chanteurs finissent par s'arrêter, essoufflés. Ils ont excité le malade qui, lui, continue automatiquement ses mouvements et son balancement des épaules et de la tête.

S'il s'agit d'un homme qui est possesseur d'un *Tromba* féminin, on l'oblige à revêtir un déguisement (le vêtement du *Tromba*), puis on chantera :

| Le chef de chœur seul | les assistants |

E E E   Sai-ke-tra   E E E   Sai-ke-tra

Le Chef seul | *Le chef et les assistants*

B   Sai-ke-tra Ba-re-ra a a Ba-re-ra a

Cette cantilène, d'un effet particulièrement
énervant à la répétition, — si le lecteur en doute,
qu'il essaye, seulement pendant quelques minutes, — n'a aucun sens précis. *Saiketra* veut
dire : un homme qui a des habitudes de femme,
et *Barera* signifie : femme ou reine. Mais en
voici une qui pourrait passe: pour un essai de
louange un peu développé.

Le chef de chœur

Prélude — E E   E E   E E   E

1 La vitra ankitiny menabe siky vinangoko rota an dala !
2 Sakalavan I menabe tsy mitaly tsy bongobongo !
3 Tsy mitaly, tsy bongobongo, tsy mivaha, tsy voinbona !
4 E Valalan I menabe misehoa, misoloa !
5 E Ramena be sahay aty koa manompo

Les assistants, après chaque phrase du chef.

Prélude —	E	E	E	E	E	E	E	E
1	E	E	E	E	E	E	E	E
2	E	E	E	E	E	E	E	E
3	E	E	E	E	E	E	E	E
4	E	E	E	E	E	E	E	E
5	E	E	E	E	E	E	E	E

Il faut se résoudre à une vraie paraphrase pour traduire :

I. Le Menabe est très loin ; car le vêtement que j'ai tissé s'est usé en chemin ! — 2. Les Sakalaves du Menabe ne se coiffent ni avec des tresses, ni avec des boules ! — 3. Ils ne dénouent pas le bout de la natte (de cheveux), ni ne la laissent tomber ! — 4. Oh ! sauterelles du Menabe, paraissez et remplacez celles que nous avons ! — 5. Oh ! Menabe, nous sommes ici et ici aussi nous servons (l'esprit des ancêtres). — 6. E 'Ramidemoka (ancêtre dont on n'a que le nom posthume), *sous-entendu* : parais parmi nous.

Il semble bien que, dans ce chant, sont exprimés, sous une forme inachevée, une certaine nostalgie, un regret d'une terre meilleure, ou tout, même les sauterelles, était mieux que dans le Boina. Pourtant la fin révèle un espoir puisqu'on peut, même au Boina, « servir » les ancêtres.

Comme exemples de litanies, en voici deux qu'on chante beaucoup :

Le chef de chœur | les assistants

Le chef		Les assistants
Ra - saon - joe!	ma - me - lo a - ri - vo E	
Mpan - ja - kanay!	ma - me - lo a - ri - vo E	
La - hy - fotsy!	ma - me - lo a - ri - vo E	
Ra - zo - ky!	ma - me - lo a - ri - vo E	
Ra - va - hiny!	ma - me - lo a - ri - vo E	
Rana - valo - na!	ma - me - lo a - ri - vo E	

Le chef	Les assistants
Rasaonjo E!	en fait vivre des milliers.
Notre roi!	en fait vivre des milliers.
(Fils d'Andriamiasra)	en fait vivre des milliers.
(L'aîné)	en fait vivre des milliers.
(Une reine)	en fait vivre des milliers.
(La 1re reine hova)	en fait vivre des milliers.

etc., etc., la liste de noms de rois peut s'allonger à perte de vue ; car, quand on n'en connaît plus, on en invente. C'est un exercice fort apprécié du reste.

La deuxième litanie ci-dessous se répète sans changement. On voudrait pouvoir dire que les gens se rendeñt compte de la valeur des paroles qu'ils prononcent comme des machines ; car, après quelques instants, l'esprit est complètement absent : ce dont on n'éprouve aucune confusion. Quand le zèle fléchit, le chef se livre à une énergique mimique, et la litanie reprend de plus belle :

Ody ou charmes Sakalaves

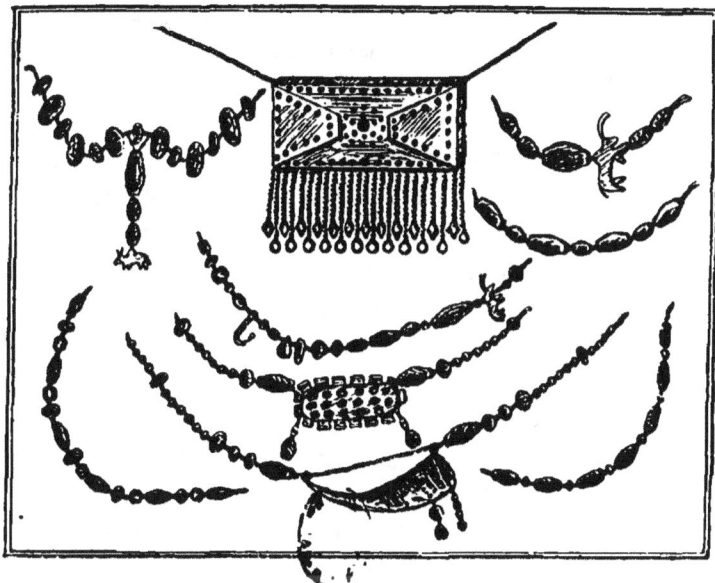

COLLIERS ET CHARMES DIVERS

La petite boîte d'argent se porte dans le dos,
elle contient des charmes, ou parfois des papiers portant
des versets du Coran (?)

Le chef de chœur | *les assistants*

E Ka Ran - a - bo!   An - a boao mi - ti-lona a-hy E
E Ka Ran - a - bo!   An - a boao mi - ti-lona a-hy E (Sakal)
ou E Ry ambony o!   Ny ambony ao no mitsinjo a-hy E (hova)
E Celui qui est en haut ! C'est celui qui est en haut qui me voit Eh ·

Les chants d'humiliation ont aussi leur tour ; ils sont pourtant en petit nombre et offrent cette anomalie que les assistants chantent au nom du malade, s'humilient pour lui, précisément au moment où celui-ci se glorifie d'être choisi par le *Ranahary* ou par un *lolo* d'autre sorte.

Les assistants   *le chef*

Votso-ry ahy   fa ma - li - lo E!   Za - ho ma - li - lo E!
Votso-ry ahy   fa ma - li - lo E!   Za - ho ma - li - lo E!
Délivre-moi car je suis puni Eh !   C'est moi qui suis puni Eh !

Naturellement, ces mélopées sont très nombreuses ; nous n'avons voulu ici qu'en donner une idée et en fournir des exemples. Elles se ressemblent toutes et elles sont, comme on peut le voir, d'une grande pauvreté. Nous avons noté les principales et les plus intéressantes. On se rend compte aussi comment paroles et musique

peuvent être utiles pour les cérémonies du *Tromba*. On chante généralement à l'unisson. De
temps en temps il y a des essais d'harmonisa-
tion, et souvent on termine la litanie sur un point
d'orgue, à quatre voix, chacun donnant son petit
coup de gosier.

C'est pendant des heures, et la plupart du
temps fort avant dans la nuit, si ce n'est jusqu'au matin, que se prolongent les exercices auxquels on se livre avec joie et pour lesquels on
ne regrette ni effort, ni fatigue. On considère
comme un honneur de jouer un rôle dans des
circonstances aussi mémorables, sans oublier que
le refus serait suivi de la vengeance des esprits...,
si ce n'est de celle des intéressés eux-mêmes, bles-
sés dans leur amour-propre par ce qu'on considère comme une véritable injure.

CHAPITRE X

CAUSES ET EFFETS DU TROMBA

Il est difficile d'échapper à un doute, même quand on a vu le *Tromba* à l'œuvre, non qu'il y ait simulation fréquente, mais simplement parce qu'il n'existe guère de moyens pour se rendre compte si, oui ou non, il y a supercherie. Aussi bien un Européen est-il mal placé pour juger de la chose. Les indigènes, eux, sont catégoriques. La simulation est rare. Ce n'est pas qu'elle ne soit possible, puisque nous pouvons donner le récit écourté d'un exemple récent (novembre 1910).

Un jeune Hova, connaissant le Boina depuis huit ans, mais ayant subi profondément l'influence chrétienne, se demandait quelle part de vérité il fallait accorder au *Tromba*. Il ne dou-

tait pas de la sincérité de ses compatriotes, mais
il les croyait trompés. Ses questions n'obtenaient
pas de réponses satisfaisantes ; son malaise intérieur augmentait ; il se refusait à voir dans les
souffrances des malades entrancés la preuve du
démon. Il se décida à simuler une visite du
Tromba dans une grande réunion convoquée
pour le « service » assez loin de son village. Il
voulait n'être pas reconnu. Il emmena avec lui
un témoin pour le cas où les esprits, présents en
réalité, le démasqueraient et le livreraient à la
vindicte de l'assemblée. Arrivé au lieu de réunion, il fut encore hésitant ; puis, voyant les
esprits aller de l'un à l'autre, il entra dans le
cercle... Ecoutons maintenant son récit :

« J'allai m'asseoir à côté du *fondy*; mais j'étais
un inconnu, il ne me regarda même pas. Alors
j'eus l'idée de mettre ma main sur son pied et
de faire légèrement trembler mon bras. Alors il
me regarda de côté, un peu étonné. Au bout d'un
moment, je tremblais plus fort, et le *fondy* se mit
à me toucher. Evidemment il me croyait pris.
Alors j'ai commencé à branler la tête, à remuer les
épaules et à souffler. Encore bien plus étonné,
le *fondy* annonça à l'assemblée qu'un esprit très
puissant paraissait pour la première fois ; il m'appela « un esprit d'Imerina » ; il me prit par

Au bord des chemins

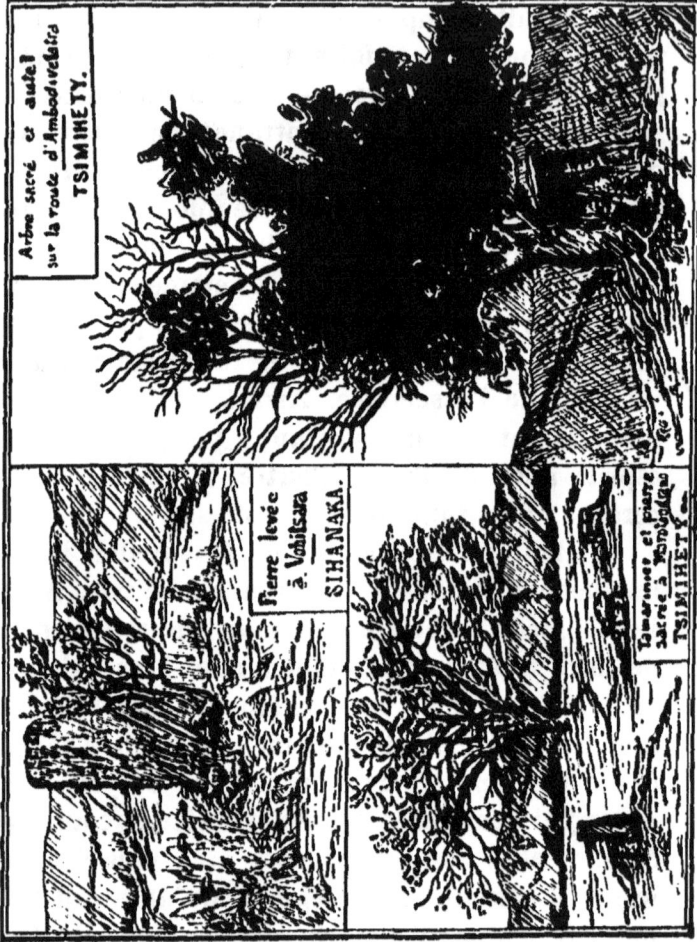

Arbre sacré et autel
sur la route d'Ambodivoara
TSIMIHETY.

Pierre levée
à Vohitsara
SIHANAKA.

Tamariniers et pierre
sacrée à Mandoaka
TSIMIHETY.

PIERRES VOTIVES AUPRÈS D'ARBRES OU DE BUISSONS SACRÉS

(Dessin fait par un indigène)

la main et me conduisit à la caisse réservée au *Tromba* pour me faire asseoir. Naturellement je tremblais toujours. A ce moment, le chef de X., que je connaissais de vue, lui ne me connaissant pas, vint, en me saluant profondément, me demander si je ne savais qui il était. J'étais embarrassé; car je ne voulais pas mentir et pourtant je voulais savoir si les esprits me reconnaîtraient ; alors j'ai dit : « Toi, je te connais, tu es le chef « de X. » Alors partout on cria : « C'est un grand « *Tromba* »; et on chantait très fort. Le chef alors m'a dit, toujours en me saluant : « Tu es « un grand *Tromba* d'Imerina ; dis-moi ce que « je dois faire pour faire plaisir au gouverne- « ment »; et il m'a offert 2 fr. 50. J'ai répondu : « Je suis assez riche sans ton argent et assez « bon pour te dire qu'un excellent chef... (ici « une longue énumération sans intérêt). » Mais le chef voulait encore savoir s'il aurait de l'avancement. Je lui en ai promis s'il faisait tout ce que le Gouvernement demande et s'il donnait satisfaction au peuple. Je ne risquais pas de me tromper. Mais ce n'était pas encore fini. Il a voulu savoir quand il aurait son avancement. J'ai failli être embarrassé, cette fois ; mais j'ai soufflé un peu et, en soufflant, je me suis souvenu des «Bananiers » (Noël, Nouvel An).

11

Il faut un mois pour qu'on sache ici ce qui a été décidé à Tananarive, alors j'ai répondu : « Tu « sauras ça au mois de février ou bien un an « après. » Il a été très content et c'est sûr que le Gouvernement le récompensera, car il a trop envie de bien faire..... »

Outre qu'il révèle une certaine mentalité, ce récit montre que la simulation est possible. Mais il appert aussi avec lui qu'elle doit être diffi- cile pour un Malgache superstitieux et à peu près impossible à un Malgache chrétien, méri- tant ce nom à cause de sa foi et connu comme tel. Le simple fait qu'on ne prend pas de pré- cautions contre les imposteurs signifie peut-être qu'on n'en a guère rencontré. Ce serait une erreur de croire qu'en général les chrétiens indigènes considèrent le *Tromba* autrement que comme une manifestation du démon. Ils s'en tiennent éloignés bien plus avec méfiance et crainte qu'avec sympathie et regrets. Ce n'est que peu à peu qu'ils s'affranchissent. Comment la simulation pourrait-elle être fréquente, quand, pour que les cérémonies se pratiquent, il faut subir des séances préparatoires, suite d'une maladie déjà longue, chez des gens connus et même redoutés quoique admirés ? La fréquence des séances, la soudaineté de l'action, le fait qu'on se trouve entre gens qui se connaissent tous de près, la répugnance même de certains malades rendent l'imposture, sinon impossible, du moins rare. Il peut d'ailleurs exister différents genres de *Tromba*.

Nous appellerons le premier : *le Tromba spontané ou naturel*. Il est le produit de la maladie, d'un choc nerveux, de l'excitation alcoolique chronique, de la suggestion ou de l'auto-suggestion.

La fièvre paludéenne, qu'on retrouve dans presque toutes les maladies, extrêmement insidieuse et variable, fournit déjà les prodrômes d'un accès de *Tromba*. Les fiévreux ne sont pas seulement en proie à des hallucinations très persistantes, mais ils se livrent à une certaine gesticulation involontaire. Ils regardent leurs mains en les tournant et retournant, pendant un temps parfois assez long ; ou leurs pieds sont affectés par un petit mouvement nerveux, indépendant de leur volonté. On voit même des malades donner à tout leur corps une sorte de court balancement. Qu'au lieu de calmer cette agitation, on l'excite, on la régularise en lui donnant un sens, et nous voici dans le *Tromba*.

Il est souvent très difficile d'obtenir d'un fiévreux qu'il demeure couché, ou même qu'il ne marche pas (1). Il est courbaturé, se plaint de vives douleurs, ses pieds sont enflés, la température est élevée, mais il continue à vouloir s'occuper de toutes ses affaires. Il est en proie à une mobilité extrême de pensée. Il lui est impossible de s'attacher à aucun sujet, comme de demeurer à la même place. Qu'on utilise ce besoin anormal de mouvement en vue de l'augmenter, et ce désordre de l'esprit pour en tirer des indications de valeur très diverses, nous serons de nouveau dans le *Tromba*.

Par une sorte de perversion des facultés intellectuelles, le fiévreux en arrive souvent à prendre ses cauchemars au sérieux et à être la victime de véritables phobies. Il en est qui ne peuvent plus voir le pain, le riz, ou telles boissons et généralement celles qu'ils prennent le plus volontiers en temps ordinaire ; d'autres éprouvent une répulsion violente pour certains vêtements, certaines couleurs ; d'autres refusent d'en-

---

(1) Un nommé Farantsa, d'origine nègre, est pris d'accès de dromomanie toutes les fois qu'il a la fièvre ; et si celle-ci n'a pas pu être prévue, il est quelquefois difficile de retrouver Farantsa. Lors de sa dernière fugue (en 1910), on le retrouva dans un champ de cannes à sucre, inconscient. Plus tard, la fièvre passée, il était très calme et raisonnable. L'esprit l'ayant visité, on eut soin de faire « le service » et de baigner le malade dans la case réservée à Andriamisara.

Femmes Sakalaves de Nosi-be

QUAND ELLES POSENT

trer dans la chambre qu'on leur destine. Nous
avons connu une jeune fille qu'il était impossible
de faire étendre ou asseoir ; quand, de force, elle
était mise sur sa couche, elle se relevait comme
poussée par un ressort, déployant beaucoup de
vigueur, bien que n'ayant pris qu'une nourriture
insuffisante depuis plusieurs jours. Un haut fonctionnaire de la magistrature offrait une autre
anomalie : une fois installé quelque part, il n'en
voulait plus sortir et refusait obstinément de se
nourrir. Qu'on atténue un peu ces cas extrêmes
— dont il serait facile d'augmenter le nombre —
pour rester dans la moyenne des choses qui s'ob-
servent tous les jours, qu'on y ajoute l'idée que
des esprits se sont emparés du malade, et nous
serons en face des *fady* et de la nécessité d'un
exorcisme, donc dans le *Tromba*.

Les maladies nerveuses, qu'on pourrait croire
fort rares chez des gens que rien ne semble in-
quiéter et dont l'indifférence est proverbiale,
sont relativement fréquentes. On voit souvent des
individus ayant des tares mentales. L'hystérie,
plus ou moins caractérisée, atteint les femmes,
et même les hommes. Tout cela prépare des victimes pour le *Tromba*, d'autant plus qu'on cul-
tive les dispositions morbides et qu'on encourage
les manies des malades.

Les idées du patient lui-même, ce qu'il a vu
lorsqu'il était en santé, le prédisposent à un état
qu'on vénère, parce que, s'il est maladif, il confère pourtant, outre l'honneur fort grand d'être
la demeure des dieux (ancêtres), celui de distri-
buer de leur part des ordres, d'indiquer des
remèdes pour autrui, et même pour soi-même.
L'entrancé dit le nom de ces remèdes, l'endroit
où l'on peut les trouver ; et, s'il parle de lui, il
se désigne à la troisième personne.

La maladie devient une thérapeutique. Le
malade prend la place du médecin.

Le *Tromba* est loin d'être toujours spontané.
Il peut être provoqué. Les Malgaches connaissent dès longtemps diverses drogues soporifi-
ques, et même ils s'en servent parfois dans des
buts peu avouables. Des sortes de hachisch — où
le chanvre entre pour une bonne part — sont
connus dans certaines régions. Il est donc probable, pour ne pas dire plus, que le *mpamoaka*
se sert de quelques vieilles formules ; et cela explique la nécessité de se procurer certaines herbes à odeur forte qu'on fait fumer en même
temps que l'encens (*emboka*) ou qu'on presse
fortement pour en extraire le suc qui sera mêlé
à la boisson présentée au malade ; nous avons

même vu qu'on faisait mâcher au patient des feuilles dont nous n'avons pu obtenir le nom, ni savoir la provenance. Les *Moasy* malgaches jouent du reste avec certains poisons végétaux sans aucune précaution ni inquiétude, et ils n'admettent guère qu'on puisse leur imputer les malaises ou même la mort de leurs clients.

La seule fumée de l'*emboka*, alourdissant la tête, endormant la sensibilité, peut provoquer un demi-sommeil, durant lequel le malade n'est plus qu'une chose entre les mains de celui qui dirige la cérémonie. Indifférent, lassé, il hâte lui-même, par son attitude, le moment où il n'aura plus conscience de rien, et où il deviendra le sujet du *mpamoaka* ou du *fondy* et un objet de curiosité pour les spectateurs. Les bruits cadencés, les cantilènes, chantées d'abord doucement, puis de plus en plus fort, contribuent pour leur part au résultat attendu. Le tout explique dans une large mesure la contagion qu'on peut observer. Car, si le malade est entouré de fumée, lié par des spirales qui doivent emporter le mauvais sort, la case toute entière est remplie d'une odeur forte et prenante ; et cette odeur agit sur toutes les personnes présentes. Or, dans cette assistance, il y a toujours quelques malades qui cherchent la guérison et qui ont à demander des remèdes,

des névropathes qui ont déjà connu la trance et qu'une occasion nouvelle sollicite avec force. Tout le monde aussi peut boire l'eau dans laquelle on a fait macérer les feuilles sacrées. Le vin, l'eau-de-vie anisée sont souvent additionnés d'écorces destinées à augmenter leurs qualités. Enfin la volonté du *mpamoaka* ou du *fondy* est à mettre en ligne de compte; son miroir ou morceau de miroir n'est pas un vain ornement, sans oublier que la famille a longuement préparé son malade par des récits, des recommandations, une suggestion de tous les instants.

Dans tous ces cas divers, on s'est réuni avec grand apparat en vue de faire « sortir le *Tromba* ». En réalité *on le fait entrer* ; ou, pour parler autrement que les indigènes, tout un ensemble d'idées, de pratiques et de circonstances mettent le malade en état d'hypnose, et cet ensemble agit sur tous ceux dont la volonté a été plus ou moins annihilée ou qui sont déjà sous une menace de maladie.

La persuasion (la foi) joue son rôle dans la provocation. Tel individu bien portant, soumis aux *fady* dont il est l'esclave, essaiera de s'affranchir en s'adressant au *Tromba* d'un voisin, ou en se soumettant lui-même, vaincu par avance, aux pratiques conseillées par le *fondy*. Quand

l'esprit parlera par lui, ou qu'un autre esprit
parlera à son sujet, ce sera pour lui donner satisfaction. Son propre désir *l'entraîne* ; et ici, une
fois encore, apparaît le rôle de l'auto-suggestion,
ou la liberté d'interprétation du *mpamoaka*.

Le *Tromba par entraînement* doit être accusé
aussi lorsqu'on parle de la contagion, ou du
Tromba épidémiforme. Il coïncide souvent avec
des époques où la fièvre sévit particulièrement,
c'est vrai; mais il est non moins évident que des
individus paraissant en bonne santé sont frappés pendant les cérémonies et rentrent dans leur
état normal beaucoup trop vite pour qu'on puisse
les croire atteints profondément. Les chants, la
vue de ce qui se passe, une légère ivresse, une
longue attente fatigante les ont excités ; et ils se
laissent aller, entraînés par leurs nerfs.
On peut surprendre des gens, accomplissant
les gestes du *Tromba* à leur insu, entraînés par
l'exemple et par le rythme des cantilènes ; et, comme
ils croient à la réalité de la manifestation des
esprits, s'ils s'aperçoivent de leurs mouvements,
ils ne manquent pas de dire : « J'en ai un aussi. »
Immédiatement leurs mouvements s'accentuent.
On les reconnaît facilement à ce qu'ils se lassent
vite, n'ont rien à dire, et même semblent hon-

teux une fois revenus à eux-mêmes, ce qui n'est pas le cas pour les gens à forme de *Tromba* spontané, ou provoqué ; non seulement ceux-ci ne se souviennent de rien, mais ils se sentent fiers d'avoir été désignés par les esprits ; et écoutent avec complaisance les récits de leurs hauts faits et de leurs discours.

Si les indigènes sont profondément remués par le *Tromba* et deviennent facilement sa proie, il ne faudrait pas croire que les Européens y échappent aussi complètement que pourraient le faire supposer leurs antécédents ou le scepticisme qu'ils affichent dans les questions religieuses. En face de gens entrancés, ils montrent souvent de l'émotion et parfois sont si peu sûrs d'eux qu'on les voit s'en aller brusquement. Nous connaissons un adjudant, ayant vu le feu, qui ne peut entendre, même de loin, les cantilènes sans être pris par une crainte étrange de sentir le *Tromba* s'abattre sur lui; et il fuit aussi vite que le lui permettent les circonstances et sa dignité.

Beaucoup de « *Vazaha* » (blancs) avouent que « sans comprendre ils croient qu'il y a quelque chose là » ; et les explications n'ont pas auprès d'eux beaucoup plus de succès qu'auprès des sectateurs d'Andriamisara. Pour échapper

aux esprits, à leur vengeance, s'assurer leurs
bonnes grâces, il en est qui joignent leurs offrandes à celles des indigènes. Même plus d'un de
ceux, si nombreux, qui ont accepté de ces maria-
ges temporaires chantés par Loti, avec plus d'habile dilettantisme que de sens moral, s'abandonnent entre les mains de leur « Ramatoa (1)» et se
livrent eux-mêmes au *Tromba*, soit par superstition, soit par crainte de la maladie ou de la
mort, soit par atonie si complète qu'ils ne peuvent plus réagir en aucune manière. Ce sont les
mêmes raisons qui font qu'on en voit essayer
des remèdes invraisemblables.

Une question se pose. Y a-t-il, en effet, des
guérisons à la suite des pratiques du *Tromba* ?
Il s'en produit, cela n'est pas douteux. Il est toute
une série de malaises, qui surviennent aux changements de saison, ou à la suite de l'assèchement
des rizières ou marais et qui disparaissent d'eux-
mêmes chez les sujets sains et encore vigou-
reux. S'ils se sont livrés au *Tromba*, tout le béné-
fice de leur guérison lui revient. Il en est de même
pour plusieurs maladies : elles suivent leur cours,

---

(1) Mot respectueux, équivalent de « Madame », et singulièrement détourné de son sens.

mais, une fois guéris, les « *croyants* » voient leur conviction s'affermir d'autant.

Pour ce qui concerne la fièvre paludéenne, les choses sont autres : le malade guérit par suite des réactions violentes par lesquelles il doit passer. Il s'agite beaucoup, il a d'abondantes transpirations ; les boissons qu'on lui donne sont amères ; et il continuera, après la crise, une sorte de traitement d'herbes amères ; il guérira. Il peut du reste se tromper gravement, car il prend souvent une force factice, résultat de l'excitation, pour une preuve de guérison ; il l'affirme. L'accès revient, mais sa persuasion n'en est pas modifiée : c'est le *lolo* ou *Zanahary* qui veut encore obtenir quelque chose ou qui veut révéler quelque nouveau *fady*, et c'est ainsi que s'allonge la cure.

Pendant les séances, la case devient une sorte de boîte de fumigation, et cela est plus vrai encore du drap sous lequel on met le malade qui respire, à lui seul, toute la fumée dégagée par l'encens. Il sort de cette étuve dans un état de sueur profuse et tout en larmes ; et, dans le courant ordinaire d'une fièvre normale, la transpiration est la preuve de la fin de l'accès. Souvent on la provoque parce qu'après elle, le malade soulagé peut être soigné avec beaucoup plus de chances de succès rapide.

Il a été arraché au Tromba

Les bains successifs sont une cure d'hydrothé-
rapie et, pour être ordonnée par un demi-sauvage — en vue de résultats fort hypothétiques
et pour s'attirer les bénédictions d'ancêtres morts
il y a 200 ou 300 ans, ou pour leur témoigner
un respect dont ils n'ont nul besoin, — elle n'en
perd pas ses qualités.

Enfin, le *fondy, mpamoaka, moasy,* peut ne
pas être aussi ignorant que la simplicité de son
costume pourrait le faire croire; et son intelligence, sa mémoire, son intérêt, lui sont d'un
grand secours. Il connaît des simples, il sait ce
qu'est le massage; et ce qu'il recommande à l'état
de veille n'est pas toujours dépourvu de sens,
loin de là. Il suit aussi son malade. Il l'encourage. Il se réjouit avec lui, s'il guérit. Il prévoit
les rechutes ; il s'en sert ; pleure avec la famille,
s'il y a décès. (Les affranchis disent volontiers :
il est rusé.) Dans toutes les affaires importantes,
il interviendra, parfois sous la forme d'un *mpisikidy* ou d'un modeste guérisseur; mais ce sera
toujours lui et son influence ne saurait qu'y
gagner.

Mais si le *Tromba* a des guérisons à son actif,
il doit enregistrer aussi des décès. C'est avec
beaucoup de discrétion qu'il nous a fallu mener
l'enquête pour savoir dans quelle mesure les

malades du *Tromba* succombent. Les familles
sont jalouses de leurs secrets, et elles ont cent
formules pour éconduire le questionneur, d'autant
plus qu'elles redoutent les mânes des trépassés.
Pourtant, nous avons pu constater que, dans un
cercle restreint, bien que sur une période de dix
ans, les cas de *Tromba* suivis de mort ont été
relativement fréquents.

La mort survient parfois à la suite d'épuise-
ment, et cela est assez naturel. Déjà affaibli par
la maladie, le patient fait des efforts qui dépas-
sent ses forces, et dont la durée achève de l'user.
Pendant des heures, quand ce n'est pas toute
une nuit et même beaucoup plus, il se dépense
de telle manière qu'un homme en bonne santé
en sortirait malade. Il hâte le dénouement, qu'on
aurait pu probablement éviter en employant un
traitement rationnel.

Pour d'autres, c'est plus tragique, en ce sens
qu'ils finissent dans des hoquets que les assistants prennent pour la manifestation du *Tromba* ;
ou bien, quelque vaisseau se rompant, il se
produit une hémorrhagie.

On cite des exemples frappants (avec noms
d'individus, de lieux, et dates à l'appui). Un blanc
malade avait été persuadé de laisser agir le
Tromba et, devant la réprobation de ses amis,

y avait renoncé ; mais le *Tromba* mécontent le fit souffrir plus que jamais ; et, à la fin, voulant le contenter, le blanc fit faire le « service ». Malheureusement, il avait attendu trop longtemps. Le *Tromba* le tua, il s'était vengé de tant de négligence. Un indigène était si tourmenté par le *Tromba* qu'il en est mort de faim ; car, chaque fois qu'il se trouvait en face de son assiette de riz, le tremblement traditionnel le prenait et le mettait dans l'impossibilité de manger. Une jeune femme, atteinte d'abcès, mourut dans une trance, un abcès s'étant ouvert et ayant produit une hémorragie, etc., etc. Il y a quelque chose de poignant à penser à ces agonies, sous des oripeaux destinés à rappeler une grandeur qui s'est singulièrement illusionnée elle-même. Prises pour une manifestation nouvelle, elles sont accueillies avec des chants et des claquements de mains, pour finir dans des lamentations et des cris, des questions qui restent sans réponse et une confusion générale.

Quand on arrive à ces constatations, l'intérêt, un peu mêlé de curiosité, qu'on éprouve pour le *Tromba*, se change en une profonde tristesse ; et on se demande ce qu'on pourrait faire pour amener tant d'âmes à une plus juste notion des choses, à une compréhension toute autre de ce que

sont la maladie, le remède, la souffrance et
Dieu même, qui, par suite d'un anthropomor-
phisme poussé à ses dernières limites, devient si
étrangement bon et mauvais, maître et esclave.

L'administration a essayé parfois des inter-
dictions radicales ; mais elle n'est arrivée, dans
cette voie, qu'à des résultats nuls. Le *Tromba* se
faisait alors, quand même, en cachette, dans des
villages et des endroits reculés, ou même sans
qu'on prenne la peine de s'éloigner et avec l'ap-
probation tacite des petits chefs locaux. Il est
arrivé que le mécontentement de la population
fut si manifeste qu'on préférait fermer les yeux.
Nous avons entendu dire à un administrateur,
qui laissait faire le *Tromba* et qui n'autorisait
pas les réunions chrétiennes : « Je ne vais pas
me mettre ces gens sur les bras ; et après tout,
c'est leur religion. » Encore était-il mieux inspiré
que tel autre qui mit un impôt sur les séances
du *Tromba* dans sa province et fit enregistrer
le fait à l'*Officiel*, augmentant d'un lamentable
malentendu la charge d'idées fausses chez des
gens difficiles à atteindre, c'est vrai, mais auxquels on a porté trop peu de véritable intérêt.

Pour nous, le remède est, en partie, dans une
liberté surveillée qui tuera le mystère et suppri-
mera par là-même un des grands attraits du

Tromba. Une assistance médicale beaucoup plus large, officielle ou privée, aurait aussi pour la diminution du nombre des sujets les plus heureux effets.

Mais, par dessus tout, le *Tromba* relève de la psychothérapie ; et c'est à ceux qui peuvent la pratiquer, c'est-à-dire le plus souvent aux missionnaires (blancs ou indigènes) que revient la tâche de le détruire en apprenant aux indigènes à se mieux connaître eux-mêmes, tout en élevant leur esprit vers de plus hautes pensées. C'est par un traitement psychique, nous voulons dire spirituel, que seront obtenus les résultats les plus positifs. Il faut que le malade, le *fondy* et tous les agents du *Tromba* abandonnent leurs idées superstitieuses pour que leurs crises disparaissent.

Nous avons vu des cas de guérison ; mais elles n'ont été complètes que quand le malade, pour trouver le calme intérieur, a voulu accepter le Dieu chrétien, celui de l'Evangile. Plusieurs sont retombés sous le joug le jour où ils ont cru pouvoir se passer de son secours, ou qu'on leur a dit qu'ils n'avaient fait que changer de superstition et de sorcier. Il y a donc là pour les missionnaires et ceux qui les soutiennent un devoir. Ils auront aussi, dans un temps

12

plus ou moins prochain, la satisfaction d'avoir travaillé à l'affranchissement intellectuel, au développement moral et social d'un petit peuple qui possède toutes les virtualités. En pleine évolution, tourmenté par de nouveaux malaises, il s'essaye à discerner les contours de l'avenir et de l'au-delà. Il faut éclairer ses doutes, nourrir ses aspirations, élever sa conscience. Il pose des questions à la façon du petit enfant qui lève de grands yeux étonnés, mais intensément interrogateurs. Il faut répondre, d'une manière désintéressée, laissant à la Vérité le temps de faire son chemin.

LEXIQUE

(Les mots dont l'application est donnée dans le texte ne sont pas répétés ici.)

ANDRIAMAIZIMBE. — *Andriana* : noble ; — *mai-zina* : sombre ; — *be* : beaucoup. Individu dont le souvenir se perd dans un très grand éloignement. Connu comme esprit guérisseur très puissant.

ANDRIANALIMBE. — *Andriana* : noble ; *alina* : nuit ; *be* : beaucoup, grand. Probablement le même individu que le précédent. Dans le *Tromba* il est considéré comme le premier grand guérisseur. Est peut-être le bisaïeul d'Andriamisara.

ANDRIAMANDAZOALA — *Andriana* : noble ; — *mandazo* : flétrir, v. ; — *ala* : forêt. « Le noble qui flétrit la forêt » (la brûle ?). Grand-père d'Andriamisara. Connu seulement dans le *Tromba*.

ANDRIAMISARA EFA-DAHY. — *Andriana* : noble ;
— *misara* : v. acheter ; —*efa* : quatre ; —*misaraka* :
ou séparer ; — *dahy* de *lahy* : homme. « Le noble
qui achète » ; « ou le noble qui sépare ». La première
étymologie est ı . allusion au fait que ce premier roi sakala ., dont la tradition ait gardé un
souvenir net, fuı d'abord un guérisseur toujours
en quête de nouvelles drogues ou *ody*. La deuxième, est une allusion à sa réputation de guerrier
toujours vainqueur. Son vrai nom est Tofotra ;
celui sous lequel il est connu, ainsi que celui de
ses prédécesseurs ou successeurs, est posthume.
Il est *fady* de prononcer le nom des rois défunts,
ce qui rend très difficile de les retrouver. La
population actuelle semble les avoir oubliés.
Efa-dahy, désigne les fils et petit-fils du roi, de
efatra : quatre ; — *lahy* : homme.

ANDRIANDAHIFOTSY. — *Andriana* : noble ; —
lahy : homme ; — *fotsy* : blanc. Le noble blanc, fils
du précédent qui dut aller règner plus au nord.
Il conquit le Menabe. Son vrai nom n'est pas
connu. Il est signalé vivant encore en 1668 par
un matelot de Fort-Dauphin. Son nom semble
confirmer la tradition qui fait du premier roi
sakalave, celui qui forma la tribu, un blanc. On
retrouve le même nom sous les formes de Lahi-
fotsy, Ilaifotsy, Andriafotsy.

Femmes Sakalaves

DEVENUES CHRÉTIENNES, ELLES SONT AFFRANCHIES DU TROMBA

ANDRIAMANDISOARIVO. — *Andriana* : noble ; — *mandiso* : vb. de *diso* tort : à qui manque ; — *arivo* : milliers. « Le noble à qui des milliers ont manqué. » Son père, Andriandahitfotsy, craignant un compétiteur le renvoya plus au nord. Fondateur du royaume du Boina — vers 1680 — ou un peu avant. Son vrai nom est Ramiza : qui balance, pèse.

ANDRIANAMBONIARIVO. — *Andriana* : noble ; — *ambony* : au-dessus, sur ; — *arivo* : mille. « Celui qui a régné sur des milliers », fils du précédent ; a définitivement assis la dynastie sakalave sur le trône du Boina. Son vrai nom est Irano ; est signalé en 1716, et régnait déjà depuis plusieurs années.

AMBONGO. — *Bongo* : morceau, bloc, colline ; — *Any an, am* : à. Le pays des collines, région située entre le fleuve Mahavavy et le cap Saint-André. On l'étend quelquefois beaucoup plus au sud. On retrouve le nom sous diverses formes un peu partout dans l'île.

AMBIATY. — Nom d'un village au nord de Miarinarivo et d'un arbuste qui sert à désigner le village. La floraison de cet arbuste indique aux indigènes la saison propice pour les semailles du riz en Imerina.

ANTALAOTSY ou ANTALAOTRA. — Désigne les premiers Arabes débarqués dans le Boina et leurs descendants.

BARA. — Nom d'une tribu et de la région qu'elle habite ; tire son nom de sa manière violente de parler et des sons gutturaux qu'ils donnent à leur dialecte. *Bara* : rauque.

BETSILEO. — Nom d'une tribu et de la région sur le plateau central où elle est installée. *Be* : beaucoup ; — *tsy* : négation ; — *leo* : vaincu. « Leur nombre empêche de les vaincre » ; les Hova les soumirent avant 1815, plus par adresse que par les armes.

BOENY. — Nom donné généralement par les Vazaha à la région dite Boina. On croit souvent que c'est une francisation ; c'est ce qui reste d'une contraction comme en font beaucoup les Sakalaves : *Mba ho-eny*, futur indiquant le mouvement vers. L'idée centrale est : nous allons là-bas au « doany », nous allons au « service », nous nous réunirons à la foule. *Mba ho-eny, Mbo eny, Boeny.*

BOINA (Sak.). — Désigne tout le nord-ouest de l'île, jusqu'au fleuve Sambirano. A l'est sa frontière est la grande chaîne qui s'élève presque brusquement pour former les hauts plateaux.

Boina, pour les Sakalaves : grand nombre, abondance, fertilité. *Boina*, pour les Hova : apathie, indifférence, insouciance. Les deux étymologies se justifient. L'une vise le pays, l'autre le caractère des habitants.

DOANY (Sak.). — Les tombeaux royaux, dispersés dans le nord-ouest. Doany de Mahabo, de Mahabiba, de Betsioka, etc., etc.

DRURY (1687-1743-50). — Aventurier anglais qu'un naufrage jeta sur la côte ouest de Madagascar ; il a donné une relation de ses aventures. Il aide ainsi à établir la chronologie des rois sakalaves, tout en révélant que les mœurs de son temps n'étaient pas très différentes de celles d'aujourd'hui, à l'esclavage près cependant.

EMBOKA (Sak.). — Encens sakalave, composé de charbon de bois, de bouse, d'huile de ricin et de sève de *Ramy* (encens blanc). On le brûle par petites galettes dans des coupes de terre.

FADY. — Tabou. Défense d'un caractère sacré, faite par les ancêtres ou en leur nom. On peut s'imposer des *fady* en vue de certaines bénédictions. C'est alors un vœu accompli par avance.

FLACOURT (Etienne de), 1607-1660, gouverneur à Fort-Dauphin, 1648-1655. Conquit l'île Mascareigne (Bourbon, la Réunion), en 1649 ; en 1661, parut un livre relatant ses observations.

HIBOKA (mot sak.). — Ce qui est en haut, le domaine des esprits, le ciel. Séjour des dieux, de Dieu.

ISOAVIMBAZAHA. — *I*, particule indiquant le respect ; — *soa-vina* : à qui on a fait du bien ; — *vahaza* : les blancs, le blanc. Petit village créé à l'est de Miarinarivo.

INDIEN. — Mot qui s'est substitué à indou, qui désigne des émigrants de diverses parties de l'Inde.

JORON-DRANAHARY. — *Joro*, au sens propre : qui est debout ; au fig. : prière et aussi sacrifice ; — *Ranahary* : les Dieux créateurs. Réunis, les deux mots indiquent un sacrifice et spécialement l'offrande d'un bœuf devenant propriété des esprits, une sorte de capital dont ils tirent intérê·.

KAHIAMBA. — Mot makoa provenant de l'arabe-bantouïné. Désigne un carré de 0,20 muni de deux cloisons de raphia laissant un vide intérieur de 0,03 environ et rempli à la moitié de graines très sèches. On agite le tout pour accompagner le chant, à la façon d'un tambourin. On imite le même bruit en écrasant un petit roseau qu'on roule dans les mains ; il a le même nom.

MAHABIBA (pl. bo.). — Mot d'origine Kisoahely, nom indigène du Baobab. Ville indigène de Majunga qui doit son nom à ses arbres.

MAJUNGA. — Le plus grand port de l'ouest, très isolé, réuni à l'intérieur par le fleuve Betsiboka. Nom d'origine Kisoahely : les fleurs. Les indigènes disent beaucoup Majanga, mot qui provient de l'arabe bantouïsé. Il a le même sens que le précédent, mais en sakalave il signifie : qui fait guérir; *janga* ayant le sens de guérir, tandis qu'en Merina, il veut dire : mœurs corrompues.

MAKOA. — Nègres de l'Afrique, anciens esclaves, plus ou moins malgachisés, connus sous différents noms : *zazamanga* : enfants bleus ; — *ma-sombika* : mozambiques ; — *olo mainty* : les gens noirs.

MAROVOAY. — Ville à 80 kil. environ de 'Majunga, sur la rivière du même nom, centre populeux et au milieu d'une région d'avenir. Point de ralliement d'un grand nombre de tribus et d'individus,. *Maro* : beaucoup ; — *voay* : crocodiles.

MENABE. — *Mena* : rouge ; — *be* : beaucoup. Région centrale de l'ouest. Nom provenant peut-être du sol rouge, ou encore de ce que les rivières charrient des eaux très chargées de terre. Il est plus probable que le pays tire son nom du fait que les Sakalaves, pour s'emparer de la capitale, recoururent à la ruse : ils firent rapidement un grand trou dans lequel ils mirent un gros bœuf rouge qui, toute une nuit, mugit désespérément après les compagnons dont on l'avait séparé. Ses beuglements effrayèrent tellement les habitants spécialement sauvages et ignorants, qu'ils s'enfuirent, ou ce qui resta se rendit sans combat. Pour conserver la mémoire de ce haut fait on appela le pays Mena-be, le Grand rouge, le mot « bœuf » étant sous-entendu.

MERINA (tribu) et IMERINA (pays). — Désigne les habitants de l'Imerina ; région centrale de l'île. On a le tort d'écrire et de prononcer en français Emyrne, mot anglais dont la prononciation se rapproche beaucoup de Imerina, très facile à lire, écrire et prononcer en notre langue.

MOASY (sak.). — Guérisseur sakalave ; on retrouve le même mot dans les formes *Ombiasy, Masy, mpimasy, mpomasy*, qui ont le même sens. En français on dit sorcier.

ODY. — Charme, amulette, gri-gri ; de *ody* : retour, qui fait revenir le bonheur, la santé ; a donné le mot *fanafody*, traduit par remède.

ROFIA. — A donné en français Raphia : sorte de grand palmier qu'on trouve dans les terrains humides et spongieux.

SAKALAVA. — Nom général d'une série de petites tribus soumises à celle qui fut conduite au début par Andriamisara.
Saka : chat ; — *lava* : long ; étymologie acceptée par les Hova qui ne voient dans les Sakalaves que des guerriers, rusés et hypocrites, toujours en quête de vol et rapine.

On a prétendu que *Saka* venait de *Sakana* :
large ou travers, et voulait dire que la tribu était
originaire des vallées qui sont en travers de l'île
spécialement au sud.

Une troisième explication originale est possible, surtout si on adopte la tradition qui veut
qu'un blanc ait conduit la tribu. *Sakalave* serait
une transformation, comme on en observe beaucoup dans la langue, du mot français, *Esclave*, ou
Slave, en anglais. Plusieurs anciens auteurs ont écrit
Céclave, alors que la prononciation actuelle donne
bien Sakalave, ce qui impliquerait une transformation nouvelle. Le roi appelait ses esclaves et
ceux-ci ont pris le nom pour s'en parer.

Plus conformes au génie de la langue sont les
indications suivantes : il existe quantité d'exemples où un *k* prend la place d'un *h* et vice-
versa, et *saka* se retrouve souvent : *Saka-be* ;
Saka-lava ; *Saka-johy* ; *Saka-maloto* ; *Saka-
mena*, comme noms de rivières. Il est difficile de
traduire *Saka* par chat avec un qualificatif, ou,
par large, ou travers; mais si le *k* est un *h*, hova,
on a Saha, ou vallée, campagne : la longue vallée ; la blanche vallée ; la vallée malpropre ; cela
est acceptable d'autant plus que cela correspond à
des noms qu'on retrouve dans les autres parties
de l'île, *Sahabe*, *Sahalava*, etc. On aurait ainsi le

lieu d'origine de la peuplade primitive qui a
donné son nom à toutes les tribus du nord-ouest.
— Le mot *Saka* se retrouve trop souvent pour
qu'on puisse lui donner le sens de barrière, em-
pêchement; mais pris au sens figuré, et le mot
lava traduit par toujours, cela donnerait : « Ceux
qui arrêtent toujours », sens acceptable à la
rigueur, les Sakalaves ayant toujours été un obs-
tacle devant les tribus et même devant les
Arabes et ayant longtemps arrêté·les Hova.

Mais il se pourrait bien que tout simplement
les Sakalaves dussent leur nom à leurs habitudes
de vivre, *Saka* voulant dire : creuser, fouiller.
Or, ils sont un peuple pasteur, ils se mettent très
difficilement au travail de la terre. On les accuse
même d'être paresseux (ceux qui ne comprennent pas qu'on peut travailler autrement qu'eux).
Mais pour avoir les racines de la forêt et en particulier les grosses ignames, les Sakalaves sont très
habiles à fouiller le sol avec de grands bâtons
dont la pointe a été durcie au feu. On trouve
très souvent les traces de ces fouilles dès qu'on
s'éloigne un peu des rizières. Les Sakalaves seraient
donc le peuple qui fouille, creuse toujours. On
peut ajouter que les rivières appelées *Saka* avec
un qualificatif fouillent le sol, traversent de véritables gorges, avant d'arriver dans la région

côtière, presque plate. L'une d'elles même est appelée la *Sakalalina* : *lalina*, profond. « La rivière qui fouille profondément. »

On peut choisir suivant son goût entre ces différentes suppositions.

SIKIDY. — Graines arrangées dans des carrés supposés et nommés, formant des figures qui, combinées entre elles, donnent l'horoscope. **Le *sikidy*** peut éclairer n'importe quel mystère : c'est le système de divination par excellence, d'origine arabe.

SIKINA.—Pièce d'étoffe que les hommes sakalaves roulent autour de leurs reins en la laissant flotter jusqu'à mi-jambe.

TROMBA (sak.). — Esprit, ancêtres, Dieux ; en réalité : état d'hypnose plus ou moins complet, survenant à la suite d'un affaiblissement physique causé par la maladie ou par les excès qui privent le malade de toute volonté. Pendant l'accès qui peut être provoqué ou dû à l'entraînement, le sujet se croit, et il est cru dépositaire de la pensée des Dieux qui demeurent en lui et parlent par lui. Le chant rythmé et diverses pratiques hâtent l'entrée en trance.

TSODRANO. — Litt. soufflement d'eau : bénédiction. Les anciens bénissant leurs enfants se
remplissaient la bouche d'eau et la soufflaient sur
leur tête.

TAORO ou taureau, franc. — Nom donné à un
gros vin spécialement apprécié des gens de la
côte.

VALA-BE (sak.). — *Vala*. Sak. (*Rova* en hova):
barrière, enceinte qui défend l'entrée des tombeaux du *Zomba-be*, de la demeure royale ; *be* :
grand.

VALA-MENA (sak.). — Deuxième enceinte autour de la cour spécialement réservée; — *mena* :
rouge, couleur royale.

ZANAHARY. — Créateur, appliqué très souvent
aux ancêtres ; on dit aussi : *Ranahary, Andrianahary.*

ZOMBA-BE (sak.). — Du mot Kisoahely *Uyum-
ba* : maison; — *be* : grand. La grande maison, contenant le *Zomba-faly* à Mahabiba.

ZOMBA-FALY (sak). — *Zomba* : maison ; *faly* :

le mérina ; *jady* (en dial. sak. le *d* hova devenant généralement un *l*). Case à l'intérieur du *Zomba-be* et réservée spécialement aux restes des ancêtres *Andriamisara efa-dahy*, et interdite à ceux qui n'ont pas été expressément désignés par les esprits.

———

N.-B. — *o* se prononce comme *ou* français ; sur la côte il se prononce souvent à la française *o*, comme dans *notre*.

ao se prononce comme *au* français, comme dans *jaute*.

J se prononce comme *Dz* français : *Joro* : *Dzoro* ou *Dzourou*.

e se prononce comme *é* français : *Be* : *bé*.

———

INDEX DES GRAVURES

13

TABLE DES MATIERES

FIN

ALENÇON & CAHORS, IMPRIMERIES A. COUESLANT. — 2.059

www.ingramcontent.com/pod-product-compliance
Lightning Source LLC
Chambersburg PA
CBHW071117280326
41935CB00010B/1036